AF289827

Bibliografische Information der Deutschen Nationalbibliothek:

Die Deutsche Nationalbibliothek verzeichnet diese Publikation in der Deutschen Nationalbibliografie; detaillierte bibliografische Daten sind im Internet über http://dnb.d-nb.de abrufbar.

Impressum:

Copyright © 2014 ScienceFactory

Ein Imprint der GRIN Verlags GmbH

Druck und Bindung: Books on Demand GmbH, Norderstedt, Germany

Coverbild: pixabay.com

Filmstars des Nationalsozialismus. Heinz Rühmanns "Die Feuerzangenbowle" als Propagandafilm?

Inhalt

Massenkultur und Propaganda – Kulturpolitik im 3. Reich 9

1. Einleitung 10

2. Das kulturpolitische Programm der Nationalsozialisten 12

2.1 Kulturbolschewismus und heroische Schönheit 13

2.2 Thing-Spiel, Klassik oder nordischer Expressionismus? 16

2.3 Vom Aschenputtel zum Herrschaftsinstrument 17

3. Erfolge und Scheitern der NS-Kulturpolitik im Spannungsfeld zwischen Propaganda, Hochkultur und Zerstreuung 20

3.1 Bayreuth und Bunter Abend 21

3.2 Der Kanal zum Gehirn der Masse 23

3.3 Helden, Heimat, Hollywood 26

4. Schlussbetrachtungen zum neuen Verhältnis von Hoch- und Massenkultur im Dritten Reich 28

Literatur- und Quellenverzeichnis 31

Quellen 31

Literatur 31

Film im Dritten Reich – Spielende Unterhaltung oder inszenierte Propaganda? 33

1.Einleitung 34

2. Begriffsklärung Propaganda 36

3. Der Film im Dritten Reich 38

4. Der Starkult 41

4.1 Die Starkultpraxis am Beispiel von Heinz Rühmann 45

5. Der Film „Quax der Bruchpilot" 48

5.1 Inhalt 48

5.2 Szenenanalyse 51

5.3 Analyse der Charaktere: 55

6. Fazit 59

Literaturverzeichnis 62

Quellen 64

Heinz Rühmann im Nationalsozialismus - Sein Star-Image anhand des Filmes "Die Feuerzangenbowle" 65

1. Einleitung 66

2. Rühmanns Verhältnis zum Nationalsozialismus 67

3. Heinz Rühmanns Filmstar-Image 71

3.1 Zum Verständnis: „Star-Image" 71

3.2 Heinz Rühmanns Image im Überblick 73

3.3 Das „Fünf-Phasen-Modell" nach LOWRY 73

4. Die Feuerzangenbowle 76

4.1 Inhaltsangabe 76

4.2 Historisch-gesellschaftliche Einordnung 79

4.3 Filmgeschichtliche Einordnung 82

4.4 Analyse nach LOWRYs „Fünf-Phasen-Modell" 83

5. Interpretation und Fazit 87

Literaturverzeichnis 91

Abbildungsverzeichnis 91

Anhang 93

Heiter oder ideologisch? Der Unterhaltungsfilm im Nationalsozialismus am Beispiel der „Feuerzangenbowle" 99

1. Einleitung...100

2. Organisation und Institutionen des NS-Filmwesen.................................101

   2.1 Volksaufklärung, Reichskulturkammer, Reichsfilmkammer 101

   2.2 Joseph Goebbels – Der „Propagandakünstler" 105

3. Der Unterhaltungsfilm in der NS-Zeit 109

4. „Die Feuerzangenbowle" – heiter oder ideologisch? 113

   4.1 Zum Filminhalt... 113

   4.2 Allgemeines zum Film „Die Feuerzangenbowle" 114

   4.3 „Die Feuerzangenbowle" – Unterhaltung oder Ideologie?................ 115

5. Fazit...122

6. Literatur- und Quellenverzeichnis 125

   Literatur 125

   Internet... 125

   Film 126

Die Frau im Nationalsozialismus. Rolle in Gesellschaft und Film.........**127**

   1. Einleitung...128

   2. Die Rolle der Frau im NS-Staat...129

   3. Frauen und der NS-Film...134

      3.1 Die Rolle der Frau als Kinogängerin 135

      3.2 Die Rolle der Frau im NS-Film... 137

   4. Die Sonderrolle der Regisseurin Leni Riefenstahl............................142

   5. Fazit..146

   Literaturverzeichnis 149

   Filmographie..149

   Internetquellen...150

Einzelbände 151

Massenkultur und Propaganda – Kulturpolitik im 3. Reich

Christian Freitag

2007

1. Einleitung

Massenkultur ist – historisch betrachtet – ein recht junges Phänomen. Seine Wurzeln reichen bis in die Mitte des 19. Jahrhunderts zurück, durchsetzen konnte es sich jedoch erst mit der Herausbildung unserer modernen Massengesellschaft, deren Entwicklung in Deutschland etwa nach 1890 einsetzte. Bereits vor dem Ersten Weltkrieg erfreuten sich Unterhaltungslektüre, Illustrierte, Boulevardtheater, artistische Darbietungen und Tanzrevuen auf Grund verbesserter Bildungsmöglichkeiten und steigender Realeinkommen wachsenden Zuspruchs. In der Zwischenkriegszeit erhielten die Massenkünste durch Lichtspiele, Schallplatte und Schausport einen kräftigen Entwicklungsschub. Rhythmusbetonte Tanz- und leichte Unterhaltungsmusik, vor allem aber der Film boten vielen Zeitgenossen Zuflucht in eine idealisierte Traumwelt, welche sie wenigstens kurzzeitig die wirtschaftlich wie politisch prekäre Realität vergessen ließ. Solch ungewohnt ungebremste Vergnügungssucht rief freilich rasch und zahlreich Kritiker auf den Plan.

Unter „Müßiggang ist aller Laster Anfang" könnte man die nicht abreißen wollende Flut belehrender Ermahnungen bildungsbürgerlicher Kreise an „die Massen" bereits zu einem Zeitpunkt zusammenfassen, an dem sich eine Massenkultur im modernen Sinne eigentlich noch gar nicht herausgebildet hatte. Groschenhefte und Gassenhauer galten den „Gebildeten" nicht nur als permanente Angriffe auf ihren klassisch-humanistisch geschulten „guten Geschmack", sondern stellten darüber hinaus vor allem das bis dahin sinnstiftend wirkende Deutungsmonopol der Bildungsschichten infrage. Eindringlich warnten diese daher vor der Gefahr eines allgemeinen „kulturellen Niederganges".

Umfangreiche und Aufsehen erregende Kampagnen gegen „Schmutz und Schund" konnten ihnen zwar weitgehend die Beherrschung der öffentlichen Meinung sichern, den weiteren Aufstieg der Massenkünste vermochten sie damit jedoch nicht aufzuhalten.[1] Daher knüpfte die überwältigende Mehrheit des zudem von sozialem Abstieg bedrohten deutschen Bildungsbürgertums große Hoffnungen an die Ernennung Adolf Hitlers zum Reichskanzler.

Doch unterbrach die „Machtergreifung" der Nationalsozialisten tatsächlich die bisherige Entwicklung der modernen Massenkultur so einschneidend, wie es die offizielle NS-Rhetorik nahe legte?

Und welche Folgen hatte die „nationale Revolution" eigentlich für das Verhältnis von Höhen- und Massenkünsten im Dritten Reich? Vertiefte sie die aus dem 19. Jahrhundert tradierten Gräben zwischen ernster und unterhaltender Kunst, oder verwischten sich diese Grenzen zunehmend unter dem Druck einer neuen genuin nationalsozialistischen „Leitkultur", welche die nunmehr zu „Volksgenossen" gewordenen Deutschen jenseits von „E" und „U" miteinander verbinden sollte?

Solchen und ähnlichen sozialhistorischen Fragestellungen zur Kulturgeschichte des Dritten Reiches schenkt die Geschichtsforschung etwa erst seit 1990 stärkere Aufmerksamkeit.[2] Eine Monographie über die Entwicklung des Verhältnisses der Massen- zu den Höhenkünsten im nationalsozialistischen Deutschland fehlt allerdings bis heute, so dass man bei dem Versuch, auf die oben aufgeworfenen Fragen erste Antworten zu erhalten – und genau dies ist Absicht und Ziel der vorliegenden Arbeit – einstweilen noch auf die themenverwandten Veröffentlichungen Peter Reichels („Der schöne Schein des Dritten Reiches"; München/Wien 1991), Franz Dröges und Michael Müllers („Die Macht der Schönheit"; Hamburg 1995), Kaspar Maases („Grenzenloses Vergnügen";

---

[1] Vgl. Maase, Kaspar: Grenzenloses Vergnügen. Der Aufstieg der Massenkultur 1850-1970, Frankfurt am Main 1997, S. 20-32 und 115-117.

[2] Zuvor standen eher die kunsthistorische Forschung und die Politik des NS-Staates gegenüber der verfolgten avantgardistischen oder geförderten traditionalistischen Künstlerelite im Vordergrund des Interesses.

Frankfurt/Main 1997) sowie Georg Bollenbecks („Tradition, Avantgarde, Reaktion"; Frankfurt/Main 1999) zurückgreifen muss.

Im Folgenden soll nun das Verhältnis von „höherer" und „niederer" Kultur in den drei vielleicht wichtigsten Bereichen der nationalsozialistischen Kulturpolitik untersucht werden: zuerst in der Freizeitpolitik des Amtes „Feierabend" innerhalb der NS-Gemeinschaft „Kraft durch Freude", darauf in der Programmgestaltung des neuen Massenmediums Rundfunk und schließlich in der Filmpolitik des Reichspropagandaministers Joseph Goebbels (Kapitel 2). Eine aus diesen Erkenntnissen gefilterte Ableitung vertiefter oder verwischter Grenzen zwischen ernsten und unterhaltenden Künsten (Kapitel 3) setzt zunächst jedoch eine skizzenhafte Darstellung des kulturpolitischen Programms der Nationalsozialisten (Kapitel 1) voraus, denn erst mit diesem Hintergrundwissen lässt sich jenes im Titel der Arbeit erwähnte Spannungsfeld zwischen Propaganda, Hoch- und Massenkultur umreißen, in welchem die NS-Kulturpolitik zu agieren hatte.

2. Das kulturpolitische Programm der Nationalsozialisten

Die etwas vollmundig geratene Überschrift dieses Kapitels irritiert zunächst ein wenig, denn auf ein klar formuliertes und somit aussagekräftiges kulturpolitisches Programm konnten sich die konkurrierenden ideologischen Gruppierungen innerhalb der Nationalsozialistischen Deutschen Arbeiterpartei (NSDAP) zu keinem Zeitpunkt verständigen. Einigkeit bestand allerdings von Beginn an in zweierlei Hinsicht: zum einen in der Forderung nach bedingungsloser Wahrung des Primats der Politik gegenüber dem Autonomieanspruch der Künste und zum anderen bei der Definition des Feindbildes, also der Bestimmung all dessen, was als „artfremd" der deutschen Kultur nicht „wesenseigen" und daher auszumerzen sei. Das totalitäre Selbstverständnis des Nationalsozialismus als Träger einer politischen und kulturellen Erneuerungsbewegung[3] tritt im folgenden Zitat aus Adolf Hitlers „Mein Kampf" (1926) besonders deutlich hervor: „Dieses Reinemachen unserer Kultur hat sich auf fast alle Gebiete zu erstrecken. Theater, Kunst, Literatur, Kino, Presse, Plakat und Auslagen sind von den Erscheinungen einer verfaulenden Welt zu säubern und in den Dienst einer sittlichen Staats- und Kulturidee zu stellen."[4]

2.1 Kulturbolschewismus und heroische Schönheit

Für jene von Hitler diagnostizierten „Erscheinungen einer verfaulenden Welt" – also für die kulturelle Moderne schlechthin – prägte die Zwischenkriegszeit ein Schlagwort mit verhängnisvoller Integrationswirkung: den Kultur-bolschewismus. Es verband bürgerliche Urängste vor einem kommunistischen Umsturz nach russischem Vorbild mit der im Bildungsbürgertum mindestens ebenso tief verwurzelten Hoch- bzw. Überschätzung der zivilisatorischen Wirkungen von Literatur, Musik und bildender Kunst. Der überwiegende Teil des deutschen Bürgertums sah das klassisch-humanistische Erbe nun durch die zunehmend erfolgreichen Künstler der Moderne gefährdet, ja er betrachtete die in seinen Augen „entarteten" modernen Künste gar als wichtigen Bestandteil einer von der „Linken" besonders arglistig betriebenen „geistige[n] Vorbereitung des politischen Bolschewismus" (Hitler ; 1926).[5]

Genau dies unterstellte der radikalnationalistische Teil des deutschen Bildungsbürgertums auch dem jungen demokratischen Staat – welcher die Avantgarde in seinen Museen, Theatern, Orchestern und Akademien ja schließlich nach Kräften förderte – und bezichtigte ihn deshalb der vorsätzlichen

---

[3] Vgl. Dröge, Franz / Müller, Michael: Die Macht der Schönheit. Avantgarde und Faschismus oder die Geburt der Massenkultur, Hamburg 1995, S. 231f.

[4] Zitiert nach Dussel, Konrad: Der NS-Staat und die „Deutsche Kunst", in: Karl Dietrich Bracher / Manfred Funke /Hans-Adolf Jacobsen (Hg.), Deutschland 1933-1945. Neue Studien zur nationalsozialistischen Herrschaft, Bonn 21993, S. 260.

[5] Hervorhebung im Zitat durch A. S.; vgl. Bollenbeck, Georg: Tradition, Avantgarde, Reaktion. Deutsche Kontroversen um die kulturelle Moderne 1880-1945, Frankfurt am Main 1999, S. 278f.

Zerstörung des klassischen Kulturerbes. Der Romanist Ernst Robert Curtius etwa beklagte mit dem „Einbruch der Demokratie in die Geistigkeit" insbesondere den Verlust einer allgemeinverbindlichen, nationalen Hochkultur. Die neue Vielfalt und Unübersichtlichkeit geißelnd konstatierte er bitter: „Unsere kulturelle Lage ist angewandter Parlamentarismus."[6] Führende Nationalsozialisten sahen das nicht anders und griffen jene kombinierte Ablehnung von „Weimarer System" einerseits und „entarteten" modernen Künsten andererseits von Anbeginn geschickt auf.

Seit Ende der 1920er Jahre gelang es ihnen immer besser, antirepublikanische, antisemitische und antimoderne Ressentiments unter dem Banner des Kampfes gegen den vermeintlich überall lauernden „Kulturbolschewismus" in Wählerstimmen zu verwandeln; Hitler erschien nun breiten bürgerlichen Kreisen als der kommende „Retter" der deutschen Kunst, welcher sie endlich von allem „Undeutschen" und „Artfremden" befreien würde.[7] Welchen Stellenwert diese „Reinigung" in der NS-Kulturpolitik einnehmen würde, verriet bereits das Parteiprogramm der NSDAP vom 24. Februar 1920 (erneuert 1926). Dort heißt es: „Wir fordern den gesetzlichen Kampf gegen eine Kunst- und Literaturrichtung, die einen zersetzenden Einfluss auf unser Volksleben ausübt, und die Schließung von Veranstaltungen, die gegen vorstehende Forderungen verstoßen."[8]

Nach Hitlers Auffassung hatten Literatur, Musik und bildende Künste ausschließlich dem „Erhabenen und Schönen" zu dienen. Als der „Trägerin des Natürlichen und Gesunden"[9] erwarteten die Nationalsozialisten von der

---

[6] Zitiert nach Bollenbeck, S. 266.

[7] Vgl. ebd., S. 262-274.

[8] Mommsen, Wilhelm (Hg.): Deutsche Parteiprogramme, München 21964, S. 550.

[9] Hitler im Jahr 1935; zitiert nach Bollenbeck, S. 312.

künftigen deutschen Nationalkultur daher keine Projektionen subjektiver Innenwelten oder gar Darstellungen der konfliktreichen Wirklichkeit.[10]

Vielmehr schwebte ihnen das „Ideal (...) eine[r] tiefe[n] Vermählung des Geistes der heroischen Lebensauffassung mit den ewigen Gesetzen der Kunst" vor.[11] „Heroisch" handelte nach nationalsozialistischem Selbstverständnis nicht nur der zu allem Notwendigen entschlossene und tatkräftige „Führer", sondern auch jeder einzelne „Volksgenosse", solange er nur sein Leben in den Dienst der neuen völkischen Gemeinschaft stellte. Die hier nur angedeutete Entgrenzung des „Erhabenen und Schönen" aus dem elitären Bereich der hohen Kultur in den zwar von „Heroismus" geprägten, letztlich aber doch trivialen Lebensalltag der „Volksgemeinschaft" sollte zumindest tendenziell die bestehende Hierarchie zwischen Höhen- und Massenkünsten im Interesse der Homogenität des deutschen Volkes einebnen: Ob Politik, Rasse, Arbeit oder Freizeit – allem wollten die Nationalsozialisten „Schönheit" und „Würde" verleihen und es so zu einer tief im „Volkstum" verwurzelten Einheit „überhöhen".[12]

Heroische Schönheit – bezeichnet auch als „stählerne Romantik" oder „Schönheitsideal nordischer Prägung"[13] – bildete also den nebulösen, auf dem Primat des Politischen fußenden Leitbegriff aller NS-Kulturideologen. Auf welche Weise er zu verwirklichen sei, blieb unter ihnen allerdings bis zuletzt umstritten.

---

[10] Vgl. Dröge / Müller, S. 255.

[11] Propagandaminister Joseph Goebbels in seiner Rede zur Eröffnung der „Reichskulturkammer" am 15.11.1933;Heiber, Helmut (Hg.): Goebbels-Reden. Band I: 1932-1939, Düsseldorf 1971, S. 137.

[12] Vgl. Bollenbeck, S. 343f. und Dröge / Müller, S. 274-277.

[13] Vgl. Reichel, Peter: Der schöne Schein des Dritten Reiches. Faszination und Gewalt des Faschismus, München/Wien 1991, S. 322.

2.2 Thing-Spiel, Klassik oder nordischer Expressionismus?

Als Hauptkontrahenten dieses Konflikts standen sich Joseph Goebbels und Alfred Rosenberg gegenüber. Bis zur Ernennung Goebbels' zum „Reichsminister für Volksaufklärung und Propaganda" am 13. März 1933 gab zunächst letzterer die kulturpolitische Marschrichtung vor.[14] Rosenberg, langjähriger „Hauptschriftleiter" beim „Völkischen Beobachter" und Autor des sogar in nationalsozialistischen Kreisen häufig belächelten Buches „Der Mythus des 20. Jahrhunderts" (1930) – Hermann Göring etwa verspottete es schlichtweg als „philosophischen Rülpser"[15] – verstand sich selbst als kompromissloser Wächter über die Reinheit einer völkisch-mystischen, Germanentum und Mittelalter wirr miteinander vermischenden Kunstidee.[16] Besondere Bedeutung maß er dabei dem Theater zu, in welchem den „Volksgenossen" mit propagandistischen Stücken wie Hanns Johsts „Schlagether"[17] oder durch gemeinschaftliche Thing-Spiele das „Ideal der nordischen Rasse" vermittelt werden sollte.[18] Von der „krausen Welt" solcher „Rückwärts" hielt Hitler jedoch ebenso wenig wie von den Plänen der zeitweise auch durch Goebbels unterstützten NS-Gruppe „Der Norden", welche u. a. die modernen Künstler Emil Nolde, Ernst Barlach und Karl Schmidt-Rottluff als Vertreter eines „nordischen Expressionismus" zur Speerspitze der kommenden „arischen Kulturrevolution" zu stilisieren versuchte.[19] Neben Tizian, Bordone, Pannini oder Spitzweg favorisierte der „Führer" stattdessen insbesondere die Genremalerei im Stil des 19. Jahrhunderts mit ihren vormodernen

---

[14] Vgl. Dussel, Der NS-Staat und die „Deutsche Kunst", a.a.O., S. 257.

[15] Vgl. Reichel, S. 94.

[16] Vgl. Bollenbeck, S. 301.

[17] Vgl. Rosenberg, Alfred: Gestaltung der Idee. Blut und Ehre (Band II): Reden und Aufsätze 1933-1935, München 1936, S. 336.

[18] Vgl. Dröge / Müller, S. 230.

[19] Vgl. Reichel, S. 90-93 und 358.

volkstümlichen Sujets und trivialen Allegorien.[20] Richard Wagners Musikdramen suchte Hitler vor allem nach übersteigerten theatralischen Effekten ab – sinfonischen und kammermusikalischen Werken oder gar anspruchsvoller Lektüre zog er stets Operettenaufführungen, Kinoabende oder sentimentale Gesellschaftskomödien vor. Adolf Hitler war also keineswegs ein „praktizierender Bildungsbürger" (Bollenbeck). Aber in seinen zahlreichen „Kulturreden", in denen er wiederholt bei Wagner, Chamberlain oder Moeller van den Bruck Angelesenes mit eingeübtem Pathos beschwor, gelang es ihm, sich den alten Bildungseliten als solcher zu präsentieren. Fortan – so versicherte der „Führer und Reichskanzler" seinen bildungsbürgerlichen Zuhörern wortreich – werde allein wieder das Klassische, Bewährte und Bewahrende die deutschen Theater, Galerien und Kunsthochschulen schmücken.[21]

Daran, am persönlichen Wohlwollen Hitlers und den Wünschen des Massenpublikums richtete der flexible Pragmatiker Goebbels ab 1933/34 die Kulturpolitik des Dritten Reiches aus. Auf diese Weise gelang es dem intelligenten und rhetorisch überlegenen Propagandaminister auch ohne Hausmacht innerhalb der NSDAP, den Einfluss des „unerträglichen" und „sturen Dogmatikers" Rosenberg (so Goebbels über seinen Widersacher) kontinuierlich zurückzudrängen.[22]

2.3 Vom Aschenputtel zum Herrschaftsinstrument

Zu den Auswüchsen des „Kulturbolschewismus" rechneten die meisten Nationalsozialisten nicht nur die „entartete" moderne Hochkultur. Auch die zeitgenössischen Massenkünste mit ihrer sensationshungrigen Boulevardpresse, dem Film, „Niggerjazz"[23], sexuell anzüglicher Trivialliteratur oder ihren

---

[20] Vgl. ebd., S. 361f.

[21] Vgl. Bollenbeck, S. 314f. und 327.

[22] Vgl. Reichel, S. 84, 92 und 100.

[23] 1930 ließ die NSDAP auf ein Wahlplakat die Parole „Volkslied oder Jazz" drucken; vgl. Bollenbeck, S. 330.

enthemmten Tanzrevuen in den neuerrichteten Vergnügungspalästen standen von Beginn an im Kreuzfeuer nationalsozialistischer Kritik. Rosenberg etwa beklagte 1928 im „Weltkampf" die „ungeheure Anzahl niederträchtiger Wochenblätter und Monatsschriften ‚erotischer' Natur", welche „zielbewusst darauf aus [seien], auch das heranwachsende Geschlecht seelisch zu vergiften und es zur Führung einer deutschen Wiedergeburt unfähig zu machen."[24]

Zwei Jahre zuvor hatte die NSDAP daher das von der Regierungskoalition im Reichstag vorgeschlagene „Gesetz zur Bewahrung der Jugend vor Schund- und Schmutzschriften" unterstützt. An der antirepublikanischen Grundhaltung ihrer Mitglieder änderte dies freilich nichts: Die Republik von Weimar galt den Nationalsozialisten auch weiterhin als viel zu schwach, sich der angeblich vom „raffenden Kapital"[25] betriebenen „Amerikanisierung" der deutschen Kultur wirksam entgegenzustellen.[26] Ganz Europa werde „mit den amerikanischen Erzeugnissen überschwemmt (...), die in jeder (...) Hinsicht so hoffnungslos flach, dumm und kulturlos sind, dass auch sie tatsächlich eine große Gefahr bedeuten", ereiferte Rosenberg sich 1925 – wiederum im „Weltkampf" – über den Film, welchen allerdings selbst er nicht pauschal ablehnte, denn man müsse „sich darüber im Klaren sein, dass durch seine Erfindung in des Menschen Hand ein Werkzeug gelegt ist, das, zielbewusst genützt, Millionen Herzen nach einer Richtung hin schlagen lassen kann."[27] Die erklärten Filmliebhaber Hitler und Goebbels brauchte er davon nicht erst zu überzeugen. Während Rosenberg jedoch erwartungsgemäß ausschließlich auf die Produktion ideologisch korrekter Propagandastreifen abzielte, hatte dessen kulturpolitischer Rivale im Propagandaministerium etwas anderes im Sinn: Er betrachtete den Film

---

[24] Rosenberg, Blut und Ehre (Band I), S. 231f.

[25] Das „raffende Kapital" als Synonym für die in der Unterhaltungsbranche damals überrepräsentierten jüdischen Geschäftsleute wurde dem so genannten „schaffenden Kapital" fleißiger „arischer" Industrieller gegenübergestellt.

[26] Vgl. Maase, S. 164 und 173-176.

[27] Rosenberg, Blut und Ehre (Band I), S. 315.

vorrangig als einen „der wertvollsten Faktoren zur Verschönerung der wenigen Stunden, die dem einzelnen Deutschen heute neben seiner Arbeit für die Wiederauffrischung seiner seelischen Kräfte übrig bleiben."[28]

Goebbels verwarf also die unter führenden Nationalsozialisten auch nach der „Machtergreifung" immer noch weit verbreitete Ablehnung der modernen Massenkultur und stellte stattdessen deren kompensatorische Wirkungen in den Vordergrund. Die seit dem Ersten Weltkrieg entstandenen Erwartungskontinuitäten der „breiten Masse" aus Heftchenlesern, Schlagerfreunden, Lichtspiel- und Revuebesuchern durfte er im Interesse der nationalsozialistischen Herrschaftssicherung nicht enttäuschen.

Dies geschah allerdings unter einem „autoritären Vorbehalt" (Bollenbeck), denn die Erfüllung der Publikumswünsche nach moderner Unterhaltung sollte weder zu hedonistischem Individualismus außerhalb der „Volksgemeinschaft" einladen – die „so genannte Swing-Jugend" bekam das unmissverständlich zu spüren – noch durfte sie als Öffnung eines Fensters zur feindlichen Welt des internationalen „Amerikanismus" fehlinterpretiert werden.[29]

Die Frage, ob und inwieweit sich dieses oben skizzierte kulturpolitische Programm der Nationalsozialisten verwirklichen ließ, steht im Mittelpunkt des folgenden zweiten Kapitels.

---

[28] Zitiert nach Bollenbeck, S. 334.
[29] Vgl. ebd., S. 331-337.

3. Erfolge und Scheitern der NS-Kulturpolitik im Spannungsfeld zwischen Propaganda, Hochkultur und Zerstreuung

Sieht man von einem kurzen NSDAP-Intermezzo in der Thüringer Landesregierung der Jahre 1930/31 einmal ab, welches immerhin einen Erlass „Wider die Negerkultur für deutsches Volkstum" hervorbrachte, so standen am Beginn der nationalsozialistischen Kulturpolitik zwei entscheidende Weichenstellungen auf institutioneller und personeller Ebene: zum einen die Berufung des promovierten Germanisten Joseph Goebbels an die Spitze des „für alle Aufgaben der geistigen Einwirkung auf die Nation [sowie] der Werbung für Staat, Kultur und Wirtschaft" (Hitler) neu geschaffenen Reichsministeriums für Volksaufklärung und Propaganda (RMVP) und zum anderen die Gründung der Reichskulturkammer (RKK) im September 1933, welcher ebenfalls Goebbels vorstand, der damit über nahezu alle kulturpolitischen Kompetenzen verfügte.[30] Die RKK verstand sich zunächst einmal als Nachfolgerin der alten Berufsverbände und Künstlerorganisationen. Darüber hinaus sollte sie „alle Kulturschaffenden" über die Zwangsmitgliedschaft in mindestens einer ihrer sieben Einzelkammern für „Schrifttum", Presse, Rundfunk, Theater, Musik, Film sowie bildende Künste zu „einer geistigen Kultureinheit [jenseits] von modern und reaktionär" zusammenschließen.[31] Ihre Eigenschaft als ständische Zwangsorganisation machte sie zugleich zu einem Instrument der Ausgrenzung gegenüber politisch, rassisch und ästhetisch missliebigen Personen in den genannten Kulturbereichen, denn aus der Kulturkammer ausgeschlossen bzw. gar nicht erst in deren Reihen aufgenommen zu werden, bedeutete für die Betroffenen ein faktisches Berufsverbot. Tausende – vor allem Juden – verloren ab 1933 so die Existenzgrundlage; nicht wenige von ihnen mussten Deutschland

---

[30] Vgl. Reichel, S. 87-89.

[31] So Goebbels in seiner Rede zur Eröffnung der Reichskulturkammer am 15.11.1933; vgl. Heiber, S. 138f.

32) Vgl. Bollenbeck, S. 302-308.

für immer verlassen oder kamen in Konzentrationslagern ums Leben. Für unsere Fragestellung ist eines jedoch weitaus wichtiger: In der RKK waren nicht bloß alle mehr oder weniger „genehmen" Literaten, Komponisten und bildenden Künstler, sondern auch Artisten, Filmregisseure und Schlagersänger organisiert. Das heißt, Goebbels betrieb im Interesse der nationalkulturellen Integration – entgegen aller vulgäridealistischen NS-Kunstrhetorik zugunsten der Deutschen Klassik – die organisatorische „Gleichschaltung" der Höhen- mit den Massenkünsten und hob so die tradierte Hierarchie zwischen „E" und „U" zumindest institutionell auf.[32]

Neben dem RMVP und der RKK stützte sich die nationalsozialistische Kulturpolitik noch auf eine dritte Institution: die NS-Freizeitorganisation „Kraft durch Freude" (KdF) innerhalb der Deutschen Arbeitsfront (DAF).

3.1 Bayreuth und Bunter Abend

Nachdem Rosenberg 1933 entgegen allen Erwartungen weder Propagandaminister noch Präsident der RKK geworden war, versuchte er, die Kulturpolitik des Dritten Reiches über den 1929 von ihm gegründeten „Kampfbund für deutsche Kultur" (KfdK) mitzubestimmen.

Im Februar 1934 beauftragte ihn Hitler „mit der Überwachung der gesamten geistigen und weltanschaulichen Schulung und Erziehung der Partei und aller gleichgeschalteten Verbände sowie des Werkes ‚Kraft durch Freude'." Vier Monate später formierte sich dann aus dem KfdK und der Zuschauervereinigung „Deutsche Bühne" die „Nationalsozialistische Kulturgemeinde" (NSKG), welcher innerhalb der KdF die Betreuung der „künstlerisch kulturellen Veranstaltungen auf dem Gebiet des Theaters, des Konzerts, des Films, der bildenden Kunst, des Vortragswesens und des Schrifttums" anvertraut wurde. Das selbstherrliche Schalten und Walten Rosenbergs provozierte jedoch bald langandauernde und teils recht heftig geführte Auseinandersetzungen mit dem

---

[32] Vgl. Bollenbeck, S. 302-308.

ehrgeizigen Führer der DAF Robert Ley, an deren Ende dieser im Februar 1936 die Gründung einer eigenen Kulturorganisation – des KdF-Amtes „Feierabend" – veranlasste und wenig später alle Geldzahlungen an die chronisch finanzschwache NSKG einstellen ließ.

Rosenberg hatte einmal mehr das Nachsehen; seine „Kulturgemeinde" hielt dem finanziellen Druck nicht stand und wurde schließlich am 12. Juni 1937 in die NS-Gemeinschaft „Kraft durch Freude" eingegliedert.[33] Das neugeschaffene KdF- Amt „Feierabend" offerierte allen DAF-Mitgliedern – 1939 waren das immerhin 75% der 39 Millionen Erwerbstätigen in Deutschland (!) – ein überaus breit gefächertes Kulturangebot: Sein Freizeitprogramm reichte von qualitativ hochwertigen Opern-, Theater- und Konzertbesuchen oder den Bayreuther Festspielen über Kunstausstellungen in Großbetrieben wie IG-Farben oder Siemens bis zu geselligen Kameradschaftsabenden und Hobbygruppen, Brauchtumspflege, Filmvorführungen, Kabarett, Tanz, Varieté, Lustspiel- und Operettenaufführungen. Dazu verfügte die KdF unter anderem über eigene oder gepachtete Theater (zum Beispiel das Prinzregententheater in München oder die Volksoper Wien[34], mehrere mobile Puppenbühnen, einen Reichs-Theaterzug und zahlreiche Tonfilmwagen.[35] Besonders starken Anklang fanden wegen ihrer großstädtischen Atmosphäre die so genannten „Bunten Abende", bei denen meist Amateurgruppen mit eingängigen Rhythmen und sentimentalen Melodien, humoristischen und erotisch-derben Sketchen oder spektakulärer Dressur und Akrobatik auftraten. Auf den eindeutig dominierenden Bedarf nach unkomplizierter Unterhaltung hatten auch die Theaterprogramme der KdF Rücksicht zu nehmen: Die „Klassiker" erreichten selten einen Anteil über 20%, und Rosenbergs germanische Thing-Spiele oder einschlägige NS-

---

[33] Vgl. Buchholz, Wolfhard: Die nationalsozialistische Gemeinschaft „Kraft durch Freude". Freizeitgestaltung und Arbeiterschaft im Dritten Reich, Diss. München 1976, S. 248-257.

[34] Vgl. ebd., S. 270.

[35] Vgl. Reichel, S. 253f. und Weiß, Hermann: Ideologie der Freizeit im Dritten Reich. Die NS-Gemeinschaft „Kraft durch Freude", in: AfS 33 (1993), S. 300f.

Propagandastücke mussten in den meisten Fällen schon 1934 wieder abgesetzt werden.[36]

Zwar löste die Preispolitik des Amtes „Feierabend" den Anspruch Leys, das „Vorrecht der Besitzenden auf die Kunst und Kulturgüter (...) zu brechen", weitgehend ein – doch die großmäulige Ankündigung Goebbels' von 1936, auch die „breite Masse" der „Volksgenossen" in großem Stil an die Höhenkünste heranführen zu wollen, blieb unverwirklicht. Mit Ausbruch des Krieges musste die KdF ohnehin ihre Freizeitarbeit im zivilen Bereich zugunsten der kulturellen Betreuung kämpfender Truppenteile einschränken. Demgegenüber war das Unterhaltungsbedürfnis an der „Heimatfront" jedoch vor dem Hintergrund verlängerter Arbeitszeiten in den Rüstungsbetrieben sowie der wachsenden Sorge um die männlichen Familienangehörigen an der Front eher noch gewachsen. Daher suchte die „Volksgemeinschaft" nunmehr verstärkt bei Rundfunk und Film nach kurzweiliger Ablenkung und psychischer Entlastung.[37]

3.2 Der Kanal zum Gehirn der Masse

Hatte Goebbels Mitte der 1920er Jahre das Radio noch als „das moderne Verspießungsmittel" schlechthin gebrandmarkt, weil es nur von „Beruf und Vaterland" ablenke, so avancierte der seit 1923 sendende Reichsrundfunk für ihn kurz nach der nationalsozialistischen „Machtergreifung" zum „allermodernsten und (...) allerwichtigsten Massenbeeinflussungsinstrument", das er kenne und mit dessen Hilfe er gedenke, die Deutschen „so innerlich zu durchtränken mit den geistigen Inhalten unserer Zeit, dass niemand mehr

---

[36] In Nürnberg etwa beklagten sich die „Schriftleiter" der „Fränkischen Tageszeitung" bitter über das mangelnde Interesse des dortigen Theaterpublikums für „nationale" und „nationalsozialistische" Bühnenwerke – wie anderswo beherrschten auch hier heitere Volksstücke und Boulevardkomödien den Spielplan des Schauspielhauses; vgl. Maaß, Michael: Aspekte von Kultur und Freizeit in Nürnberg während des Nationalsozialismus, in: AfS 33 (1993), S. 348.

[37] Vgl. Maase, S. 208-215.

ausbrechen kann."[38] Bereits im März 1933 wurde der Rundfunk zu diesem Zweck dem gerade erst gegründeten RMVP unterstellt. Bis zum Frühjahr 1934 degradierte man dann die bisher selbstständigen Regionalsender der Länder zu Filialen der neugeschaffenen und inzwischen personell gründlich „gesäuberten" Reichsrundfunkgesellschaft. Relativ bedeutungslos blieb während ihres ganzen Bestehens die mit der RKK ins Leben gerufene Reichsrundfunkkammer – sie konzentrierte sich vornehmlich auf die Werbung von Rundfunkteilnehmern – weshalb Goebbels sie 1939 schließlich auflöste.

Unmittelbar nach der Machtübernahme durch die Nationalsozialisten überrollte zunächst eine Propagandalawine ungeahnten Ausmaßes die etwa vier Millionen Radiobesitzer. Auf deren wachsenden Unmut über die permanenten Programmänderungen reagierte das RMVP recht bald: Ab Ende 1933 durften rein politisch-propagandistische Radiosendungen nur noch mit Goebbels' Zustimmung ausgestrahlt werden. Stattdessen sollten nun alle neun Symphonien Beethovens, Lesungen der Werke Schillers sowie weltweite Direktübertragungen der Bayreuther Festspiele die neuen Machthaber insbesondere den bildungsbürgerlichen Schichten im In-und Ausland „als würdige Bewahrer und Förderer der deutschen Kulturtradition" (Dussel) präsentieren. Die „breiten Volksmassen" waren damit freilich kaum zu gewinnen[39], weshalb Propagandaminister Goebbels im Sommer 1936 seine Rundfunkintendanten zu einem erneuten Kurswechsel aufforderte: „Das Programm des Rundfunks muss so gestaltet werden, dass es den verwöhnteren Geschmack noch interessiert und dem anspruchslosen noch gefällig und verständlich erscheint." Dabei sei „besonderer Bedacht gerade auf Entspannung und Unterhaltung" zu legen, da das Leben „die weitaus überwiegende Mehrzahl

---

[38] Zitiert nach Reichel, S. 15939) Vgl. Longerich, Peter: Nationalsozialistische Propaganda, in: Karl Dietrich Bracher / Manfred Funke / Hans-Adolf Jacobsen (Hg.), Deutschland 1933-1945. Neue Studien zur nationalsozialistischen Herrschaft, Bonn 21993, S. 299f.

[39] Vgl. Dussel, Konrad: Deutsche Rundfunkgeschichte. Eine Einführung, Konstanz 1999, S. 91f.

aller Rundfunkteilnehmer meistens (...) sehr hart und unerbittlich" anfasse. „Demgegenüber fallen die wenigen, die nur von Kant und Hegel ernährt werden wollen, kaum ins Gewicht."[40] Ungeklärt blieb allerdings bis zuletzt die Frage, wie denn „gute deutsche Unterhaltungsmusik" zu klingen habe.[41] Einigkeit bestand lediglich darin, dass man sie von allem „jüdischen" reinigen müsse.[42] Die Hörer honorierten das neue „bunte" Unterhaltungsprogramm mit verstärkten Käufen der preiswerten „Volksempfänger", worauf die Zahl der Rundfunkteilnehmer bis 1938 auf neun Millionen anwuchs. Im gleichen Jahr befahl Hitler jedoch, die nur vereinzelt kriegsbegeisterten „Volksgenossen" zulasten der beliebten Musiksendungen mit politisch-propagandistischem Zeitfunk auf die bevorstehenden Feldzüge einzuschwören. Dem prompt einsetzenden Protest der Radiohörer begegnete Goebbels mit einer zunächst wöchentlichen Ausstrahlung der von Beginn an überaus erfolgreichen „Wunschkonzerte für die Wehrmacht" (erstmals am 1. Oktober 1939), in denen – unterbrochen von kurzen Wortbeiträgen und Gedichtrezitationen – ein buntes Potpourri aus populären Opern- und Operettenarien, Volksliedern und Schlagern sowie Märschen und Ouvertüren die gewohnte Hierarchie zwischen „E" und „U" nahezu völlig einebnete.[43] 1943 konnte die Statistik einen Rekord von fast 16,2 Millionen Hörfunkteilnehmern vermelden[44], welche es angesichts der sich stetig verschlechternden militärischen Lage bei „guter Laune" zu halten galt. Der Musikanteil im Rundfunk steuerte nunmehr auf eine Höchstmarke von beinahe 90% zu, etwa drei Viertel entfielen dabei auf eingängige und

---

[40] Zitiert nach Dussel, Konrad / Lersch, Edgar: Quellen zur Programmgeschichte des deutschen Hörfunks und

Fernsehens, Göttingen/Zürich 1999, S. 136

[41] Am 12.10.1935 verhängte der Reichssendeleiter Hadamovsky zur Klärung dieses Problems „ein endgültiges Verbot des Nigger-Jazz für den gesamten deutschen Rundfunk (...), gleichgültig, in welcher Verkleidung er uns dargeboten wird" (ebd., S. 134). Auf das „Jazz-Problem" soll hier jedoch nicht näher eingegangen werden.

[42] Vgl. Dussel, Deutsche Rundfunkgeschichte, S. 93.

[43] Vgl. Reichel, S. 160 und 166-170.

[44] Vgl. Dussel, Deutsche Rundfunkgeschichte, S. 101.

trostspendende Melodien wie etwa Heinz Rühmanns „Das kann doch einen Seemann nicht erschüttern" oder Zarah Leanders „Ich weiß, es wird einmal ein Wunder geschehen".[45]

3.3 Helden, Heimat, Hollywood

Einen besonders eindrucksvollen Beleg für den anhaltenden Erfolg der Massenkünste im Dritten Reich liefert die Statistik der verkauften Kinokarten: Während 1933/34 etwa 250 Millionen Kinobesuche registriert wurden, war deren Zahl im Jahr 1939 bereits auf mehr als 600 Millionen angestiegen, und ab 1942 überschritt sie sogar die Milliardengrenze.[46] Als Hauptaufgabe des deutschen Films betrachtete Joseph Goebbels die „Überhöhung" und „Verschönerung" des arbeitsreichen Lebensalltages der „Volksgenossen", eine ständige propagandistische „Zurschaustellung nationalsozialistischer Embleme und Symbole" hätte dabei nur gestört.[47] Über dementsprechende Entwürfe und Drehbücher wachte seit Anfang 1934 der „Reichsfilmdramaturg" im RMVP. Ansonsten blieb die umgehend von rassisch oder politisch missliebigem Personal „gesäuberte" Filmindustrie aber bis Mitte der 1930er Jahre weitestgehend in ihrer ursprünglichen Unternehmensstruktur erhalten, geriet durch die Boykotte im Ausland seit 1933 und die steigenden Produktionskosten jedoch zunehmend in wirtschaftliche Schwierigkeiten. Auf Grund der anhaltenden Krise wurden ihre Betriebe von 1937 bis 1942 schließlich verstaatlicht. Alle Bereiche der nunmehr zur „Ufa-Film GmbH" zusammengefassten deutschen Filmwirtschaft – also neben der Filmproduktion selbst auch Filmvertrieb und Kinopresse – unterstanden damit Goebbels' Weisungen. Seit 1939 standen zudem für die Kinoversorgung in den ländlichen Gebieten insgesamt 750 Tonfilmwagen zur Verfügung. Die Spannbreite des NS-

---

[45] Vgl. Maase, S. 215.

[46] Vgl. Dussel, Der NS-Staat und die „Deutsche Kunst", a.a.O., S. 271.

[47] Vgl. Reichel, S. 180f. 49 Vgl. Longerich, Nationalsozialistische Propaganda, a.a.O., S. 303f. und 306.

Films reichte von Leni Riefenstahls halbdokumentarischen Parteitags(„Triumph des Willens"; 1934) und Olympiafilmen („Fest der Schönheit"; 1936) über offen antisemitische („Jud Süß"; 1940) oder antibritische („Ohm Krüger"; 1941) Propagandastreifen bis zu den vordergründig völlig „unpolitischen" Spielfilmen meist heiteren Charakters („Der Mustergatte" mit Heinz Rühmann; 1943). Für letztere setzte nicht selten die „Traumfabrik" in Hollywood gültige Maßstäbe[48], schließlich füllten Hollywood-Filme bis zu ihrem Verbot im Jahr 1941 auch die deutschen Kinokassen reichlich. In Nürnberg etwa sorgten beispielsweise die Tanzfilme „Broadway Melody 1936" oder „Zum Tanzen geboren" für US-Filmmarktanteile zwischen zehn und vierzehn Prozent.[49] Ganz seinem amerikanischem Vorbild entsprechend sollte auch der deutsche Spielfilm in erster Linie der Zerstreuung des Zuschauers dienen, darüber hinaus jedoch gleichzeitig auf subtile Weise die Einübung und Verinnerlichung bestimmter, überwiegend konservativer Wert- und Verhaltensmuster wie Arbeitseifer, Familiensinn, Heimatliebe und Nationalgefühl fördern. Besonderer Beliebtheit erfreuten sich die Musikfilme; „Wunschkonzert" (1940) nach der gleichnamigen Rundfunksendung und „Die große Liebe" (1942) mit Zarah Leanders berühmt-berüchtigtem Durchhaltelied „Davon geht die Welt nicht unter" waren mit jeweils über 25 Millionen verkauften Kinokarten die kommerziell erfolgreichsten Filme des Dritten Reiches. Doch auch das „Heroische" kam nicht zu kurz, zum einen in Kriegsfilmen („U-Boote westwärts"; 1941) und zum anderen in Streifen, welche Bismarck („Die Entlassung"; 1942), Friedrich II. von Preußen („Der große König"; 1942) oder andere große „Wohltäter des Menschengeschlechts" (Hitler) opulent in Szene setzten („Andreas Schlüter" mit Heinrich George; 1942). Von den insgesamt ca. 1100 NS-Filmen sind nach Gerd

---

[48] Zu der Hollywood-Verfilmung des klassischen Südstaatendramas „Vom Winde verweht" mit Clark Gable (1939)notierte Goebbels am 30.07.1940 in sein Tagebuch: „Das muss man öfter sehen. Wir wollen uns ein Beispiel daran nehmen."; zit. nach Moeller, Felix: Der Filmminister. Goebbels und der Film im Dritten Reich, Berlin 1998, S. 76.

[49] Vgl. Maaß, Aspekte von Kultur und Freizeit in Nürnberg während des Nationalsozialismus, a.a.O., S. 337f.

Albrecht knapp 50% den unpolitisch-heiteren Spielfilmen, dem „latent politischen Film" etwa 38%, den „manifest politischen Filmen" allerdings gerade einmal 14% zuzuordnen. Der Anteil der beiden letzteren erreichte unmittelbar nach der „Machtergreifung" sowie zwischen Kriegsbeginn und der Niederlage von Stalingrad (1942) seine Spitzenwerte, danach überwogen eindeutig die reinen Unterhaltungsfilme. Goebbels' propagandistisches Hauptinstrument auf der Leinwand bildete ohnehin die „Wochenschau", welche seit Oktober 1938 von jedem Kinobetreiber vor dem Hauptfilm gezeigt werden musste.[50]

4. Schlussbetrachtungen zum neuen Verhältnis von Hoch- und Massenkultur im Dritten Reich

Um die wichtigsten Punkte des oben Gesagten abschließend zusammenzufassen und die eingangs gestellten Fragen wieder aufzugreifen, scheint es am besten, zunächst noch einmal die Erwartungen der alten Kultureliten an Hitler in den Blick zu nehmen: Hat die nationalsozialistische Kulturpolitik die Hoffnungen des radikalnationalistischen Bildungsbürgertums auf eine „Errettung" der deutschen Kultur tatsächlich erfüllt? – Ja und Nein: Einerseits eliminierte sie die Irritationen der künstlerischen Avantgarde aus der Hochkultur und entsprach damit einem ganz zentralen Anliegen der „Gebildeten". Andererseits erwiesen sich jedoch deren Hoffnungen auf eine Wiedererlangung ihrer einstigen kulturellen Hegemonie innerhalb der Gesellschaft als trügerisch. Diese beanspruchte nunmehr der neue NS-Staat für sich allein, hatten die deutschen Bildungsbürger in den Augen Hitlers doch kläglich darin versagt, das klassische Erbe gegen die spätestens seit der Jahrhundertwende angreifende Moderne wirksam zu verteidigen. Auf diese Weise verloren die alten Bildungsschichten im Dritten Reich nicht nur die ohnehin schon stark zusammengeschmolzenen

---

[50] Vgl. Longerich, Nationalsozialistische Propaganda, a.a.O., S. 305f. und Reichel, S. 181-188.

Reste ihres vormaligen kulturellen Definitionsmonopols endgültig an den Staat, sondern hatten dessen totalitärem Herrschaftsanspruch auf dem Altar der Einheit von Politik, Volk und Kultur auch noch die bis dahin absolut unangefochtene Autonomie der Künste zu opfern.[51]

Seine herbste Enttäuschung erlitt das deutsche Bildungsbürgertum freilich durch Goebbels' massive Förderung der modernen Massenkünste. Die Absicherung ihrer Gewaltherrschaft ließ den Nationalsozialisten angesichts des Krieges und der zunehmenden Härte des Arbeitsalltages der „Volksgenossen" letztlich keine andere Wahl als den „ästhetischen Gewohnheiten und Glücksvorstellungen der großen Mehrheit" (Maase) wenigstens auf halber Strecke entgegenzukommen. Eine Missachtung des Unterhaltungs- und Zerstreuungsbedürfnisses der „breiten Masse" zugunsten klassischer Musik, permanenter politischer Propaganda oder der „volkserzieherisch" motivierten Thing-Spiele Rosenbergs hätte gewiss das vorzeitige Ende des Dritten Reiches eingeläutet.[52] Stattdessen schufen die Nationalsozialisten unter dem unbedingten Primat der Politik eine eigene, auf überwältigende Inszenierungen und staatliche Repräsentation setzende Massenkultur, welche durch die Aufhebung der Trennung von Kunst und Alltag per se die tradierten Grenzen zwischen Höhen- und Massenkünsten verwischte. „Schönheit" und „Würde" sollten nunmehr alle Lebensbereiche der „Volksgenossen" erhellen – somit taugten sie nicht mehr als bildungsbürgerliche Leitbegriffe der Abgrenzung gegenüber dem Trivialen. Ob Theater oder Kino, Oper oder Schlager, Malerei oder das Design von Alltagsgegenständen, alle Künste hatten ausschließlich der „Verschönerung" und „Überhöhung" des heroischen Lebensalltages innerhalb der „Volksgemeinschaft" zu dienen. Diesen Zweck vermochte neben den Massenkünsten allerdings nur eine „allgemeinverständliche" Hochkultur zu erfüllen. Die einschneidenden Folgen für die Höhenkünste sind bekannt: Die Motive der künstlerischen Avantgarde

---

[51] Vgl. Bollenbeck, S. 305, 319f. und 340.
[52] Vgl. Maase, S. 200 und 222f.

mussten vormodernen, traditionell-affirmativen Werksujets im Stil des 19. Jahrhunderts weichen. Parallel dazu förderten die Nationalsozialisten jedoch die modernen Massenkünste. Ganz gleich, ob es sich nun um die Ausstrahlung der Bayreuther Festspiele oder des „Wunschkonzertes für die Wehrmacht" handelte, immer bediente sich das NS-Regime bei der Kulturdistribution technisch und organisatorisch modernster Mittel.[53] Dieses für das Dritte Reich so typische und konfliktträchtige Nebeneinander „von robuster Zeitgemäßheit, leistungsfähiger Fortgeschrittenheit und Vergangenheitstraum" (Thomas Mann) beschreibt genau das, worin der amerikanische Historiker Jeffrey Herf einmal so treffend dessen reaktionäre Modernität ausgemacht hat.[54]

Jener „hochtechnisierte Romantizismus" (Mann) musste sich ganz zwangsläufig an der Eigenlogik der modernen Massenkünste reiben, während die Hochkultur verhältnismäßig leicht in den Dienst der nationalsozialistischen Kulturpolitik zu stellen war. Individualismus, Internationalität oder gar Hedonismus ließen sich mit dem totalitären Machtanspruch der Nationalsozialisten zu keinem Zeitpunkt in Einklang bringen. In der Folge beschrieb die NS-Kulturpolitik einen tastenden Schlingerkurs zwischen den Wünschen der Bevölkerungsmehrheit nach individueller Zerstreuung einerseits und ihrer eigenen massenkulturellen Durchdringungsabsicht andererseits. Vor diesem Hintergrund geriet die von Goebbels einst so vollmundig postulierte Heranführung der einfachen „Volksgenossen" an die sinnstiftenden Höhenkünste schließlich recht schnell ins kulturpolitische Abseits.[55]

---

[53] Vgl. Dröge / Müller, S. 242, 250 und 277f.
[54] Vgl. Reichel, S. 101-103.
[55] Vgl. Dröge / Müller, S. 294f. und 298.

Literatur- und Quellenverzeichnis

Quellen

Dussel, Konrad / Lersch, Edgar: Quellen zur Programmgeschichte des deutschen Hörfunks und Fernsehens, Göttingen/Zürich 1999.

Heiber, Helmut (Hg.): Goebbels-Reden. Band I: 1932-1939, Düsseldorf 1971.

Mommsen, Wilhelm (Hg.): Deutsche Parteiprogramme, München 21964.

Rosenberg, Alfred: Blut und Ehre. Ein Kampf für deutsche Wiedergeburt (Band I): Reden und Aufsätze 1919-1933, München 1934.

Rosenberg, Alfred: Gestaltung der Idee. Blut und Ehre (Band II): Reden und Aufsätze 1933-1935, München 1936.

Literatur

Bollenbeck, Georg: Tradition, Avantgarde, Reaktion. Deutsche Kontroversen um die kulturelle Moderne 1880-1945, Frankfurt am Main 1999.

Buchholz, Wolfhard: Die nationalsozialistische Gemeinschaft „Kraft durch Freude". Freizeitgestaltung und Arbeiterschaft im Dritten Reich, Diss. München 1976.

Dröge, Franz / Müller, Michael: Die Macht der Schönheit. Avantgarde und Faschismus oder die Geburt der Massenkultur, Hamburg 1995.

Dussel, Konrad: Der NS-Staat und die „Deutsche Kunst", in: Karl Dietrich Bracher / Manfred Funke / Hans-Adolf Jacobsen (Hg.), Deutschland 1933-1945. Neue Studien zur nationalsozialistischen Herrschaft, Bonn 21993, S. 256-272.

Dussel, Konrad: Deutsche Rundfunkgeschichte. Eine Einführung, Konstanz 1999.

Longerich, Peter: Nationalsozialistische Propaganda, in: Karl Dietrich Bracher / Manfred Funke /Hans-Adolf Jacobsen (Hg.), Deutschland 1933-1945.

Neue Studien zur nationalsozialistischen Herrschaft, Bonn 21993, S. 291-314.

Maase, Kaspar: Grenzenloses Vergnügen. Der Aufstieg der Massenkultur 1850-1970, Frankfurt am Main 1997.

Maaß, Michael: Aspekte von Kultur und Freizeit in Nürnberg während des Nationalsozialismus,in : AfS 33 (1993), S. 329-356.

Moeller, Felix: Der Filmminister. Goebbels und der Film im Dritten Reich, Berlin 1998.

Reichel, Peter: Der schöne Schein des Dritten Reiches. Faszination und Gewalt des Faschismus, München/Wien 1991.

Weiß, Hermann: Ideologie der Freizeit im Dritten Reich. Die NS-Gemeinschaft „Kraft durch Freude", in : AfS 33 (1993), S. 289-303.

Film im Dritten Reich – Spielende Unterhaltung oder inszenierte Propaganda?

Nikolas Kaselow

2011

1.Einleitung

„Nicht das ist die beste Propaganda, bei der die eigentlichen Elemente der Propaganda immer sichtbar zutage treten, sondern das ist die beste Propaganda, die sozusagen unsichtbar wirkt, das ganze öffentliche Leben durchdringt, ohne daß das öffentliche Leben überhaupt von der Initiative der Propaganda irgendeine Kenntnis hat".[56]

So lautet die Stellungnahme Joseph Goebbels anlässlich der Kriegstagung der Reichsfilmkammer im Jahre 1941. Goebbels spricht dabei nicht von der Nutzung einer offensichtlichen Propaganda, sondern von einer, die hauptsächlich unbewusst aufgenommen wird. Doch welche Funktion hatte diese Art der Propaganda für die ideologischen Zwecke des Regimes? Genauer will diese Arbeit diesen Ansatz in den Unterhaltungsfilmen untersuchen. Heitere Filme durften als seit jeher beliebtes Genre im nationalsozialistischen Kino nicht fehlen. Insgesamt stellten sie relativ konstant rund die Hälfte des Filmangebots in den deutschen Kinos des Dritten Reiches.[57] Sie gehörten dem Genre der Komödie, des Musikfilms und der leichten Unterhaltung an. Die frühere Filmforschung sah in diesen sogenannten H- Filmen (heitere Filme und Musikstreifen) keine Propaganda. Sie hätten dem Regime allenfalls indirekt gedient, da sie die Menschen von den Sorgen und Problemen ablenkten. Sollte jedoch der Unterhaltungsfilm lediglich zur Unterhaltung des Volkes dienen, ohne dass politische Inhalte vermittelt wurden? Goebbels prophezeite 1934, dass die Unterhaltung "nicht am Rande des öffentlichen Geschehens [stehe und] [...] sich nicht den Aufgabenstellungen der politischen Führung

---

[56] Rede des Reichsministers Dr. Goebbels anlässlich der Kriegstagung der Reichsfilmkammer am 15. Februar 1941, in: Albrecht: Der Film im Dritten Reich. Eine Dokumentation, Karlsruhe 1979, S. 76f..

[57] Vgl. Witte, Film im Nationalsozialismus, in: Wolfgang Jacobsen u.a. (Hrsg.): Geschichte des deutschen Films, 1993, S. 119-170, S. 158.

entziehen"[58] könne. Inwiefern war jedoch eine indirekte politisch Beeinflussung durch den Unterhaltungsfilm überhaupt realisierbar? Die vorliegende Arbeit untersucht dieses Problem und stellt heraus, ob Propaganda im Unterhaltungsfilm des Dritten Reiches zu finden ist, und wenn dem so ist, welchen Nutzen die Nationalsozialisten damit verfolgten. Einleitend wird der Begriff „Propaganda" erläutert und ein Überblick über den Film im Dritten Reich und dessen Zweck für die Nationalsozialisten gegeben. Dabei soll herausgestellt werden, welche Bedeutung das Medium für die Menschen im Alltag hatte.

Der „Starkult" war ein wichtiges Instrument, das besonders im Dritten Reich für propagandistische Zwecke des Regimes genutzt wurde. Er gibt elementare Hinweise für die Frage, inwiefern die Identifikation mit einer Person einen Einfluss auf den Film und das Publikum hatte. Aus diesem Grund wird analysiert, in welchem Ausmaß die Nationalsozialisten den Starkult benutzten, um den Zuschauern den Inhalt des Films näher zu bringen. Anschließend wird an dem noch heute populären Rühmann-Film, „Quax der Bruchpilot"(1941) exemplarisch verdeutlicht, ob und inwiefern unterschwellige Propaganda in einem heiteren Film zu finden ist. Ein Schwerpunkt liegt dabei auf der Analyse der Charaktere, sowie der inneren und äußeren Darstellung des Films. Durch diese Methoden der Filmanalyse soll erfasst werden, ob aus dem als unterhaltsamen und unpolitisch ausgerufenen Unterhaltungsfilm ein erneutes Mittel zur Manipulation des Volkes entstand, oder ob es sich um eine heutige Fehlinterpretation der damaligen Filme und ihrer zeitgenössischen Inhalte handelte.

---

[58] Schiweck, (...) weil wir lieber im Kino sitzen als in Sack und Asche, 2002, S. 29.

2. Begriffsklärung Propaganda

In der vorliegenden Hausarbeit taucht der Begriff ‚Propaganda' auf, daher ist es notwendig diesen im Voraus zu erläutern, um den Begriff einzugrenzen und spezifisch für dieses Thema anwendbar zu machen. Der Ursprung des Wortes findet sich in der Antike und der lateinischen Sprache. Propaganda stammt von dem lateinischen „propagere" ab, was ausdehnen oder fortpflanzen bedeutet. Im 17. Jahrhundert wurde der Begriff von der katholischen Kirche zum Zweck christlicher Missionstätigkeiten übernommen. Zu Beginn des 20. Jahrhunderts kam es zur Änderung der Definition des Begriffes für Werbezwecke. Folglich bedeutete Propaganda im Wortgebrauch so viel wie Reklame. Doch war der Begriff nur eine kurze Zeit neutral und wurde nach dem Ersten Weltkrieg ein Leitbegriff für politische Überzeugungsarbeit.[59] Im Dritten Reich wurde das Wort Propaganda vollkommen von moralischen Ansprüchen befreit. Es wurde als neuer „Kampf- und Leitbegriff formuliert."[60]

Der Brockhaus definiert Propaganda allgemein als eine werbende Tätigkeit für bestimmte Ziele, die politisch, ideologische, kulturelle, religiöse oder wirtschaftliche Zwecke verfolgen.[61] Das Lexikon "Geschichtliche Grundbegriffe" hingegen unterteilt den Begriff Propaganda in wirtschaftliche Propaganda, Kulturpropaganda, Kriegspropaganda im Ersten Weltkrieg und

Propaganda im Nationalsozialismus, sodass der Propagandabegriff wesentlich umfangreicher ist. Hier kann man erkennen, dass Propaganda sehr vielschichtig war und in vielen Bereichen des öffentlichen Lebens eingesetzt wurde. Für diese Arbeit ist die Definition der Propaganda im Nationalsozialismus zentral. Danach ist Propaganda eine „Beeinflussung mit möglichst einfachen

---

[59] Vgl. Köppen, „Kunst der Propaganda" in: Ders: Kunst der Propaganda, 2007, S.7-14, S. 7f.

[60] Ebd., S. 8.

[61] Vgl. Brockhaus die Enzyklopädie, siebzehnter Band, Begriff: Propaganda S. 531f..

Mitteln"[62], die „ununterbrochen der eigenen [Absicht] [...]dienen [soll]"[63]. Die Voraussetzung jener propagandistischen Tätigkeit sei eine „grundsätzlich einseitige Stellungnahme"[64]. Der Schirmherr des Films im Dritten Reich, Joseph Goebbels, definierte Propaganda als „die Beeinflussung von Gedankengut und Handlungsweisen, welche durch Vorbild, Leitbild, Identifikation, Idealisierung und insbesondere Imitation erreicht wird."[65] Dies hebt die Maßnahmen hervor, mit denen Goebbels die Beeinflussung des Volkes erreichen wollte. Genauer wird dieser Aspekt in Kapitel 3, der Starkult, behandelt.

Propaganda wurde im Dritten Reich eine herausragende Stellung beigemessen. Hitler schrieb in ‚Mein Kampf': „Propaganda ist dazu da, um Massen zu überzeugen"[66]. Es ging nicht um die Darstellung verschiedener Standpunkte, kein Abwägen, keine Diskussion, sondern um „die schwankenden, wie zu Zweifel und Unsicherheit geneigten Menschenkinder"[67]. Hitlers Vorstellung war, „das deutsche Volk zu erziehen"[68], mittels Propaganda, worunter er vermehrt eine Hetze verstand. Der Propagandabegriff bei Goebbels hingegen war weniger deutlich ausgelegt. Für ihn sollte Propaganda stets mit und durch künstliche Mittel erreicht werden.[69] Als Beispiel führte er den Film an. Dieser sollte ein Kunstwerk sein, das der ästhetischen Erziehung des Volkes dient.[70]

Zusammenfassend lässt sich herausstellen, dass Propaganda, nach Hitlers und Goebbels Definition, dazu diente, bestimmtes Gedankengut, beziehungsweise

---

[62] Schieder, „Die Wiederentdeckung des Propagandabegriffs", in: GGr, 1984, S. 104.

[63] Ebd., S.105.

[64] Ebd.

[65] Quanz, Der Film als Propagandainstrument Joseph Goebbels, 2000, S. 91.

[66] Köppen, „Kunst der Propaganda" in: Ders. Kunst der Propaganda, S.7-14, S. 8.

[67] Hitler, Mein Kampf, 1942, S.203.

[68] Ebd.

[69] Vgl. Köppen, „Kunst der Propaganda" in: Ders. Kunst der Propaganda, S.7-14, S. 7.

[70] Vgl. Koch, „Der NS-Film", in: Sösemann , Der Nationalsozialismus und die deutsche Gesellschaft, 2002, S.210- 220, S. 210.

Vorstellungen, unter möglichst vielen Menschen zu verbreiten. Dazu dienten im Dritten Reich vorrangig Film und Rundfunk als Medium der Propaganda, da diese die emotionalen Kräfte der Menschen in besonderem Maße ansprachen und somit effektiv auf die Masse wirken konnten.

3. Der Film im Dritten Reich

Da das Medium Film, wie kein anderes, Emotionen wecken kann, dient es den Propagandazwecken und kann für diese missbraucht werden. Goebbels meinte hierzu: „Der Film ist das modernste und weitreichendste Mittel zur Beeinflussung der Massen. [Seine] seelische Durchdringung des Volkes könne manchmal ganze Armeekorps ersetzen"[71]. Das Volk musste trotz Krieg bei guter Laune gehalten werden und entspannt auf die politische Lage im Dritten Reich reagieren. Dies sollte aber nicht in zu hohem Maße geschehen, sodass sich die Leute nicht aus Überdruss abwendeten. „Man soll nicht von früh bis spät in Gesinnung machen."[72]. Zudem wurden auch unpolitische Filme bewusst in den Dienst des Staates genommen. Sie waren gar eine Art politische Waffe des Systems, um die Menschen von ihren tatsächlichen Sorgen und Nöten abzulenken und sie für ein paar Stunden in eine glücklichere, bessere Welt zu entführen. „Im Dritten Reich hat es keine unpolitischen Filme gegeben, sondern höchstens Filme unpolitischen Inhalts."[73] Diese Aussage lässt sich durch Zahlen belegen, die zeigen, dass die Produktion von H-Filmen während der Kriegszeit enorm zunahm und es sich dabei hauptsächlich um Liebesfilme mit Happy End handelte.[74] So nahmen die heiteren Filme als Ablenkungsmanöver und Hoffnungsträger auf eine bessere Zeit vermehrt Einfluss auf die Bevölkerung. Je schwerer der Überlebenskampf durch hohe Verluste und weniger Erfolgsmeldungen von den Kriegsfronten

---

[71] Donner, Propaganda und Film im „Dritten Reich",1995, S. 13.
[72] Winkler-Mayerhöfer, Starkult als Propagandamittel ,1992, S. 75.
[73] Ebd.
[74] Vgl. Koch, „Der NS-Film", S. 210- 220, S.215.

wurde, desto stärker kurbelte das Regime die Produktion von heiteren Unterhaltungsfilmen an. „Je schwerer die Zeiten, je leichter die Filme. Lachen befreit".[75] Somit wurden die Menschen bewusst durch heitere und sorglose Filme von ihrem Alltag abgelenkt. Gleichsam wurde dadurch eine Präventivmaßnahme für die Machthaber geschaffen, um der Möglichkeit vorzubeugen, gegen ihre Politik zu rebellieren. Für diese waren die Filme folglich ein Schutzmechanismus. Zwischen 1933 und 1945 wurden in zahlreichen Publikationen über das Wesen und die Einflussnahme des Filmes geforscht. Ob ästhetische, wirtschaftliche oder machtpolitische Themen behandelt wurden, es stand stets im Vordergrund, dass der Film ein volksbildendes Kunstwerk sein musste, das einem „Massenerlebnis und der innerlichen Erhebung"[76] diente. Dr. Joseph Goebbels war der Schirmherr des deutschen Films. Gleich ab 1933 wurde das Reichministerium für Volksaufklärung und Propaganda gegründet (RMVP), das sofort in die Filmproduktion eingriff und eine Vorzensur einführte. Außerdem wurden alle Beteiligten am Filmgewerbe verpflichtet, der Reichsfilmkammer beizutreten. Nichtarier und politisch Unerwünschte wurden von vorneherein nicht aufgenommen. Das RMVP griff immer stärker in das Filmwesen ein, auch bei der Filmbewertung und entschied somit ob ein Film zugelassen werden konnte oder sogar als empfehlenswert eingestuft wurde. Das nationalsozialistische Empfinden, nach dem Verständnis der damaligen Zeit, durfte nicht verletzt werden, was bedeutete, dass jeder Film, der sich kritisch mit dem Regime auseinandersetze oder nicht mit den nationalsozialistischen Ideologien vereinbar war, verboten wurde. Eine weitere leichtere Kontrollmöglichkeit ergab sich für die Nationalsozialisten, als die vier größten Filmproduktionsstätten schon 1937 verstaatlicht wurden und ab 1942 mit der Gründung der „Ufa-Film GmbH" sämtliche Filmproduktionsfirmen umfassten. Ebenfalls wurde das Amt des

---

[75] Winkler-Mayerhöfer, Starkult, S. 39.
[76] Kaiser, „Rundfunk und Film" ,in: Köppen, Kunst der Propaganda, 2007, S. 15-35, S. 19.

Reichsfilmintendanten nur geschaffen, um eine strikte Kontrolle über alle Belange des Filmwesens zu erhalten. Goebbels selbst wurde zum Minister ernannt. Damit unterstanden ihm sämtliche Kontrollinstitutionen über das Filmwesen. Mit dieser Strategie der „Gleichschaltung"[77] wurde das RMVP zur Zentrale aller Entscheidungen.[78] Zufolge dessen unterlag das deutsche Filmwesen von der Idee bis zur Vorführung dem Nationalsozialismus.

Die Führungskräfte des Dritten Reichs handelten nach einem einfachen Modell des Staates. An der Spitze die Regierung, über der die „leuchtende Führergestalt" stand und unten das Volk, ein rein passives Objekt der Propaganda. Die Masse sei träge und ohne eigenen Willen, sodass der Film vom Stoff, der Dramaturgie, der Rollenbesetzung und der Musik bis hin zum Zusammenschnitt, ganz stark auf den Seelenhaushalt der Zuschauer wirken und dadurch „jede beliebige Emotion"[79] erzeugen könne. Diese Rechnung ging jedoch nicht glatt auf. Filme, die eine offensichtliche antisemitische oder rassistische Botschaft beinhalteten, wurden aus dem Kinoprogramm genommen. Die Besucherzahlen waren zu gering, was darauf zurückzuführen ist, dass das Publikum diese Art von Filmen nicht favorisierte. Dies lässt sich ferner dadurch begründen, dass das Publikum nicht wie ein unbeschriebenes Blatt Papier in die Vorstellungen kam, sondern mit „eigenen Lebenserwartungen und aktuellen Stimmungen" das Kino besuchte.[80] Die Filme wirkten auf jeden Einzelnen sehr unterschiedlich. Die Propagandabeeinflussung musste also differenzierter werden. Das Ministerium reagierte dementsprechend mit Filmen, die am ehesten an die Erfahrungen oder Wunschbilder aus der Lebenswelt der Menschen anknüpften.[81] Goebbels selbst griff sogar in die Rollenbesetzung eines Filmes

---

[77] Koch, „Der NS-Film", S.210- 220, S. 211.

[78] Vgl. ebd.

[79] Kleinhans, Ein Volk, ein Reich, ein Kino, 2003, S. 195.

[80] Ebd., S. 196.

[81] Vgl. ebd., S. 197.

ein oder änderte Texte eines Drehbuches, bis es nach seinem Empfinden für eine Beeinflussung der breiten Masse geeignet war.

Die Nationalsozialisten machten sich beim Medium Film vor allem eines zum Vorteil: Sie nutzten das Ansehen und die Bewunderung von Schauspielern durch das Volk und bauten damit den Starkult im Dritten Reich auf. Dies vereinfachte die Identifikation mit einem Schauspieler und gab der Führung die Möglichkeit, das Volk verstärkt für das Medium Film zu begeistern.

4. Der Starkult

Der Ausgangspunkt des Starkults lässt sich durch das allmähliche Herausstellen eines Schauspielers durch Großaufnahmen in der Filmindustrie Hollywoods finden. Zu Beginn der Kinoentwicklung, bis 1909, wurden die Namen der Schauspieler nicht erwähnt. Dies lag unter anderem daran, dass von den Filmgesellschaften keine besonderen schauspielerischen Fähigkeiten bei den Engagierten vorausgesetzt wurden. Bis zum Jahre 1913 hatte das Kino keine fest angestellten Schauspieler. Das Publikum zeigte jedoch allmählich starkes Interesse an einzelnen Agierenden, es kam zu Anfragen bei den Filmstudios und die Entstehung von Fanpost kam auf. Infolgedessen wuchs der Druck auf die Filmproduzenten, besonders gefragten Schauspielern eine Festanstellung zu geben und ihre Namen zu veröffentlichen. 1910 kam es zum ersten Aufruhr um einen Filmstar, als der damalige Produzent Carl Laemmle selbst eingriff und die Presse mit einer Falschmeldung über den angeblichen Tod seiner Schauspielerin Florence Lawrence anonym bediente. Er selbst forderte anschließend von der Zeitung ein Dementi, da sie einer Falschmeldung aufgesessen sei. Der „Anfang eines wohldurchdachten Werbefeldzuges"[82] war gemacht.

War ein Schauspieler oder eine Schauspielerin beim Publikum beliebt, wurden diese verstärkt herausgestellt, indem auch Persönliches von ihnen veröffentlicht

---

[82] Winkler-Mayerhöfer, Starkult, S. 17.

wurde. „Die Ausbeutung der Persönlichkeit"[83] hatte, wenn auch vergleichend zu heute, in abgeschwächter Form begonnen. Die Produzenten merkten, dass nicht unbedingt der Inhalt des Films am wichtigsten war, sondern dazugehörige Namen der Protagonisten. Der Starkult war geboren. Er wurde bewusst aufgebaut und von Produzenten genutzt, um die Schauspieler auf bestimmte Rollen festzulegen. Die beweglichen Bilder, die Sprache, die Großaufnahmen einzelner Personen und die durch die Technik ermöglichte naturgetreue Wiedergabe des Umfeldes, in der die Schauspieler agierten, erzeugte beim Zuschauer im abgedunkelten Raum ein viel stärkeres Mitgehen, Mitfühlen und Leiden als es im Theater möglich war.[84] So ist festzustellen, dass der Film eine breite Möglichkeit besitzt, Einfluss auf Gefühle und Gedanken des Publikums zu nehmen und sich dieses somit einfacher mit dem Inhalt des Filmes oder einer bestimmten Person identifizieren konnte. Die Identifikation mit einem Filmstar war für den Erfolg eines Filmes durchaus förderlich, da sich viele in den gespielten Rollen wiedererkannten. Um die Identifikation mit den Schauspielern und den damit verbundenen Nutzen für die Filmemachen weiter zu erörtern, ist es zunächst sinnvoll, den Begriff ‚Identifikation' und die damit in Verbindung stehenden Begriffe ‚Idealisierung' und ‚Imitation' zu definieren. Nach Sigmund Freud ist die Identifikation eine Gefühlsbindung an eine Person, die bis zu einer Vertauschung des eigenen Ichs mit dem des anderen führen kann. Dabei kommt es häufig zu einer Idealisierung des Vorbildes als Ersatz für das eigene Ich, das dessen Idealvorstellung nicht entspricht und gar nicht entsprechen kann, da es aufgrund der intensiven Gefühlsbindung an das Vorbild unkritisch ist.[85] Bei dieser Identifikation mit einem anderen Menschen kommt es leicht zur Imitation, einer Art Begleiterscheinung der Identifikation: „Sie erzeugt jene Erscheinung, in der das identifizierte Wesen genau kopiert

---

[83] Ebd., S. 17.
[84] Vgl. ebd., S. 34.
[85] Vgl. Freud, Massenpsychologie und Ich –Analyse,1972, S.46.

wird".[86] Die Frage, warum Menschen überhaupt zur Identifikation streben, ist altersbedingt unabhängig zu beantworten. Kinder und Jugendliche streben unter anderem wegen eines unsicheren Weltbildes eine Ein- bzw. Unterordnung an. Ältere Menschen eifern hauptsächlich zum Halt des eigenen Ichs der Identifikation mit einer anderen Person nach. Dies kann durch verschiedene Faktoren geschehen, die Menschen aus ihrer Lebensbahn werfen, wie zum Beispiel Arbeitslosigkeit, Krankheit, oder um die eigene Unsicherheit zu mildern.[87]

Welcher Schauspieler, respektive Schauspielerin, sich zur Identifikation mit dem Publikum am besten eignet, ist laut einer Umfrage von Glogauer wiederum altersabhängig. Jugendliche würden danach hauptsächlich aufgrund der hohen Gage und dem ‚protzigen' Auftreten in die Rolle ihres Idols schlüpfen, also selbst Schauspieler werden. Die meisten anderen, besonders ältere Zuschauer, identifizierten sich meist mit der Rolle der Agierenden. Der Zuschauer erhofft sich dadurch zur Erfüllung seiner eigenen Lebenspläne zu gelangen.[88] Dabei ist zu beachten, dass die Identifikation und die Projektion von eigenen Gefühlen und Wünschen auf den Schauspieler nicht strikt zu trennen sind. Der Zuschauer überträgt seine eigenen Empfindungen und Lebenserfahrungen auf den Film. Dabei ist die Frage zu klären, womit der Film solche intensive Anteilnahme des Zuschauers bewirkt. Glogauer nennt es „das Magische des Films"[89]. Es sind hauptsächlich technische Kunstgriffe, wie die Kamerabewegung, die passende Musik, Großaufnahmen und Blickwinkel, die

---

[86] Ebd.

[87] Vgl. Winkler-Mayerhöfer, Starkult, S. 29f.

[88] Vgl. ebd., S. 34f..

[89] Ebd., S. 39.

die Zuschauer fesseln. Wie Sigmund Freud sagte, der Film bietet Lösungen an als „Korrektur der unbefriedigten Wirklichkeit."[90]

Wenn sich der Zuschauer zugleich stark emotional von der Handlung des Filmes angesprochen fühlt, flieht er für eine Weile aus seiner Alltagswelt und identifiziert sich mit den Personen, hauptsächlich mit den ‚Helden' des Films. Begünstigt wird dieses Eintauchen in das Leinwandgeschehen durch die Isolation des Zuschauers im dunklen Kinosaal. Nach Armand Morgen kann der Film durch die angebotenen Vorbilder als ein „Erziehungsmittel gelten"[91], und zur Bestärkung sittlicher Handlungen und Haltungen dienen.[92] Der Film dient daher als Wertevermittler. Durch seine besondere Darstellung und die Identifikationsmöglichkeiten des Films wurde der Starkult begünstigt und gefördert, um damit die Beeinflussung des Publikums zu steigern. Ging und geht es bis heute den Filmgesellschaften hauptsächlich darum, neben der Unterhaltung, gute Einnahmen zu erzielen, so eignet sich dieses Medium besonders gut zur Manipulation, zum bewussten Einsatz als Propagandamittel. Auch das Dritte Reich versuchte, durch Filme die Masse der Zuschauer für ihre Weltanschauung zu gewinnen. Der Starkult wurde also bewusst in die Filmpropaganda eingebaut und somit ein Medium, dass prädestiniert für die Aufgabe war. Goebbels maß der Besetzung der einzelnen Rollen, besonders der Hauptrollen, eine entscheidende Bedeutung bei, weil sie beim Zuschauer als Identifikationsfigur wirken konnten. Daraufhin wurden Schauspieler für bestimmte Rollen festgelegt, oder sogar geeignete Rollen bewusst für sie geschaffen. Der Wiedererkennungswert beim Publikum wurde somit gesteigert. Für die Schauspieler war dies positiv, da sie als Stars mehr Gehalt verlangen und feste Verträge mit den Filmemachern aushandeln konnten. Zum

---

[90] Freud, „Der Dichter und das Phantasieren", in: Ders., Bildende Kunst und Literatur, 2007, S. 169-180, S. 173.
[91] Winkler-Mayerhöfer, Starkult, S. 40.
[92] Vgl. ebd.

Inszenieren eines Stars diente auch die Presse, die im Dritten Reich, wie das gesamte Kulturgeschehen, vom RMVP gesteuert wurde, das somit alle störenden oder unliebsamen Vorfälle, die das Privatleben der Schauspieler betrafen, unterdrückte, um das Image des Stars nicht in ein schlechtes Licht zu rücken. So besaß die berühmte Persönlichkeit eine Vorbildfunktion, auch geschmacksbildend durch sein Auftreten, seine Kleidung oder seine Frisur. Um ihr Prestige und ihren Bekanntheitsgrad zu erhöhen und die politische Botschaft noch weiter zu streuen, ließen sich viele hohe Amtsträger des Dritten Reiches gerne mit bevorzugten Schauspielern ablichten. Im Gegenzug wurde diesen ein ungeahnter Lebensstandard ermöglicht. Daraus lässt sich schließen, dass das Regime des Dritten Reichs ganz bewusst die Vorbildfunktion eines Stars nutzte, um seine nationalsozialistischen Ziele dem Volk zu vermitteln. Wie dieser von den Nationalsozialisten applizierte Starkult bei einzelnen Schauspielern konkret angewandt wurde, soll im nächsten Kapitel anhand des Beispiels von Heinz Rühmann verdeutlicht werden.

4.1 Die Starkultpraxis am Beispiel von Heinz Rühmann

Heinz Rühmann gehörte zu den fünf meistbeschäftigten Filmschauspielern im Dritten Reich. Er verkörperte den „Typ, des kleinen Mannes von der Straße."[93] In besonderem Maße erfüllte er die Vorstellung von einem Menschen, der sich trotz vieler widriger Umstände nicht unterkriegen ließ, sondern mit Witz, Pfiffigkeit und Humor die Schwierigkeiten des Alltags meisterte. Heinz Rühmann wurde 1902 in Essen geboren und absolvierte seine Ausbildung als Schauspieler im Münchener Schauspielhaus. Dort wurde er entdeckt und als Komiker an die Münchener Kammerspiele engagiert. Er stieg schnell zum Publikumsliebling auf. Ende der zwanziger Jahre begann er mit der Karriere als Filmdarsteller. Seinen Durchbruch erlangte er mit dem Film „Die drei von der Tankstelle" im Jahre 1930 und schloss anschließend einen Vertrag mit der

---

[93] Kirst, Heinz Rühmann, 1969, S. 27.

Ufa. Ab 1933 bis 1945 spielte er in über 30 Filmen mit.[94] Diese gehörten hauptsächlich dem Genre der H-Filme an. In diesen sogenannten heiteren Filmen, in denen Rühmann vermehrt die Hauptrolle spielte, wurde er bewusst als Star präsentiert. Er gab häufig die Rolle des Mannes aus dem Volk zum Besten, der mit den Widrigkeiten des Lebens fertig wird und zwar mit Charme, Herz, Listigkeit und fröhlichem Naturell. Zu seinen schauspielerischen Leistungen kam noch sein kleiner Körperwuchs hinzu, der die Identifikation als „einer von uns"[95] glaubhafter machte und ehrlicher wirken ließ.

In den Rühmann-Filmen ist ein grundlegender Bauplan zu finden. Die Identifikationsfigur lebt in geordneten Verhältnissen, bricht deshalb aus, muss einige heftige Turbulenzen bestehen, die sie auf Grund von Witz, Anpassungsfähigkeiten und Raffinesse durchsteht, oder zur Erkenntnis kommt, dass das alte Leben besser ist und daher befriedigt in ihr Milieu zurückkehrt. Auf diese Weise wurde Heinz Rühmann auf die spezifische Rolle des gutgelaunten Helden reduziert. Anders als in Hollywood war er allerdings nicht aus finanziellen, sondern vielmehr aus ideologischen Gründen dazu verpflichtet, für Lachen und Heiterkeit in seinen Filmen zu sorgen.[96] Das Gros seiner Filme im Dritten Reich suggeriert eine heile Welt, die dem Rezept des befreienden und erlösenden Lachens folgt. Rühmann sagte in einem Interview, er sei von selbst vom Wehrdienst im Dritten Reich freigestellt worden, „weil das Publikum noch was zu lachen haben sollte, weil es ja sonst nichts mehr zu lachen gab"[97] Es lässt sich behaupten, dass er damit unbewusst den Zielen der Nationalsozialisten diente, denn das Lachen und damit die Ablenkung des Volkes aus dem Kriegsalltag waren in dieser Zeit sehr wertvoll. Die Frage, inwiefern Rühmann durchschaut hatte, dass er vom Regime mit seinem Talent

---

[94] Vgl. Winkler-Mayerhöfer, Starkult, S.133.

[95] Lowry, Der Filmstar, 2000, S. 32.

[96] Vgl. Winkler-Mayerhöfer, Starkult, S.143.

[97] Ebd., S. 139.

für deren Ideologie missbraucht wurde, ist nicht klar zu beantworten. Nach der Machtergreifung durch die Nationalsozialisten 1933 äußerte sich Rühmann nicht öffentlich zur Politik in Deutschland, sondern verhielt sich weitestgehend neutral. Während der Zeit des Dritten Reichs bewahrte er sich den Ruf eines unpolitischen Stars. Im August 1944 wurde er von Josef Goebbels in die Gottbegnadeten-Liste der unverzichtbaren Schauspieler für die Filmproduktion aufgenommen[98], was zeigt, welch elementare Bedeutung die Nationalsozialisten in seinem Können und seiner Person sahen. Heinz Rühmann wurde gezielt als Star aufgebaut, sogar eine Sondergenehmigung wurde geschaffen, sodass er Hertha Feiler, die zu einem Viertel Jüdin war, heiraten konnte. In der Presse wurde dieses „Delikt" verschwiegen.[99] Er wurde vom gesamten gleichgeschalteten Pressewesen herausgestellt und gelobt. Bücher wurden über ihn geschrieben, eine Bibliographie vom Werden Heinz Rühmanns wurde veröffentlicht, dazu viele Filmpostkarten mit seinem Portrait und Berichte über seine unzählige Fanpost. Er trat bei der öffentlichen Geldsammlung ‚Für das Winterhilfswerk' auf und in der Wochenschau wurden Bilder gezeigt, die ihn im Kreis der oberen Nazis zeigten. Sein Lebensstandard lag im Vergleich zum Durchschnitt der Deutschen sehr hoch. [100]

Heinz Rühmann hat mit Hilfe des um ihn geschaffenen Kults, als Kinostar mit seiner eingängigen Spielweise den Film bekannt und überaus beliebt gemacht. Er wurde von vielen Fans verehrt und brachte den Menschen in einer schweren Zeit ein Lächeln ins Gesicht. Die oben genannten Hinweise zeigen, dass alle Möglichkeiten, die ein Star bietet, damit die nationalsozialistische Ideologie dem Volk näher gebracht wird, bei Heinz Rühmann mit Erfolg angewendet wurden.

---

[98] Vgl. Klee, „Heinz Rühmann", in: Ders., Das Kulturlexikon zum Dritten Reich, 2007, S. 502.

[99] Vgl. Winkler-Mayerhöfer, Starkult S.144.

[100] Vgl. ebd., 138f.

5. Der Film „Quax der Bruchpilot"

Die Führung des Dritten Reiches strebte in allen Filmarten nach der Beeinflussung der Kinobesucher für ihre Zwecke. In den heiteren Unterhaltungsfilmen wurde überwiegend mit Mitteln der latenten Propaganda gearbeitet, was an dem Film „Quax der Bruchpilot" verdeutlicht werden soll. „Quax der Bruchpilot" war ursprünglich ein Jugendbuch von Hermann Grote, das 1936 erschien. Der Film „Quax der Bruchpilot" hingegen wurde erst 1941 gedreht, als Deutschland schon zwei Jahre Krieg führte. Zu dieser Zeit waren Polen und Frankreich erobert und Dänemark und Norwegen von deutschen Truppen besetzt worden. Die Engländer fingen an, deutsche Städte aus der Luft anzugreifen. Das deutsche Volk spürte teilweise den Krieg am eigenen Leib und nicht nur durch Siegesmeldungen aus dem Radio. Auch bei den nicht direkt Betroffenen war der Krieg gegenwärtig. Es gab immer stärkere Einschränkungen und Bestimmungen. Lebensmittel und Kleidung konnten nur gegen Bezugsscheine erworben werden. Reisen ins Ausland waren nicht möglich, auch die „Kraft-durch-Freude" Fahrten waren eingestellt. Doch in „Quax der Bruchpilot" ist oberflächlich betrachtet von einem Krieg absolut nichts zu spüren. Ein unvoreingenommener Betrachter des Films könnte, wenn er diesen Streifen zeitlich einordnen sollte, zu dem Ergebnis kommen, er spiele im ersten Drittel des 20. Jahrhunderts. Der Film zeigt eine heile Welt, in der der einzelne Bürger gewisse persönliche Probleme hat, die er aber selbst oder mit kleinen Hilfen lösen kann.

Um den Film „Quax der Bruchpilot" genauer zu beleuchten, wird zunächst eine Inhaltsangabe folgen, die es später erleichtern soll, die Analyse einzelner Szenen besser einzuordnen und nachvollziehen zu können.

5.1 Inhalt

Otto Groschenbügel, ein junger Angestellter in einem Verkehrsbüro hatte bei einem Preisausschreiben durch Einsendung eines Gedichtes den ersten Preis gewonnen. Er hoffte, eine Reise nach Teneriffa möchte ihm zufallen. Aber sein Preis hingegen garantierte ihm eine Ausbildung zum Flieger. So kam er als Gratisteilnehmer auf einen kleinen Übungsflugplatz, auf dem Unterordnung und Einfügung in die Gruppe verlangt werden. Otto Groschenbügel lehnt sich mit kessen Bemerkungen gegen diese Bestimmungen auf und wird sogleich als Außenseiter abgestempelt. Zu seinem ersten Probeflug muss er gezwungen werden, da er große Angst zeigt. Nach der Landung aber gibt er mit seinem Lufterlebnis furchtbar an, sodass er von seinen Kameraden und dem Flugpersonal nicht ernst genommen wird. Er steht abseits. Sein Ausbilder befiehlt ihm, den Kursus abzubrechen, da er mit seinem Verhalten die Sache des Fliegens schädige. Otto Groschenbügel fährt daraufhin nach Hause, erlebt eine Enttäuschung mit seiner Freundin, wird aber sofort aus seinem Stimmungstief herausgerissen, als er im Gasthaus an den Stammtisch der Honoratioren gebeten wird. Dort wird er als erster Flieger des Ortes bejubelt und gefeiert. Groschenbügels Selbstbewusstsein steigt ins Maßlose und er gibt sich in seinem Erlebnisbericht als der tollkühnste Flieger aus. So gestärkt kehrt er zum Flugplatz zurück, zum Entsetzen seines Ausbilders. Doch besteht er auf sein Recht ausgebildet zu werden. Um ihn wieder schnell nach Hause schicken zu können, muss er eine besonders harte ärztliche Untersuchung über sich ergehen lassen, die er mit der Höchstzahl an Punkten besteht. Auch den zweiten Flug bewältigt er, sodass es fortan keinen Grund gibt, ihm die Ausbildung zu verweigern. Er wird aber weiterhin nicht geachtet, gehört nicht zur Gemeinschaft und seine Kameraden spielen ihm Streiche. In seinem Heimatdorf Dinkelstätt wächst seine Bekanntheit, sodass er gebeten wird, sich beim Schützenfest feiern zu lassen. Er ahnt die Blamage und den Ausschluss, sollte die Flugleitung davon erfahren. Aus diesem Grund begibt er sich nur verkleidet auf das Fest. Dort lernt er das junge Mädchen Marianne kennen und prahlt mit seinen Flugkünsten, da er sie mit seinem Können auf der Luftschaukel beindrucken will. Eine große Menschenmenge schaut dabei zu und bricht in begeisterten Jubel aus. Darunter sind auch seine Kameraden und der staunende Flugleiter, die Otto Groschenbügel erkennen. Einige Tage später veranlasst sein Vorgesetzter einen Fesselballonflug. Auf einer Wiese nahe einem Anwesen wird ein Stopp eingelegt. Das dort wohnende Ehepaar lädt die Mannschaft zum Kaffee ein. Hier sieht Otto Groschenbügel auch erstmals Marianne wieder, die Tochter des Ehepaares. Verliebt und noch berauscht von dem Beifall auf dem Fest, klettert er mit ihr den Ballon, um ein kleines Stück in die Höhe zu kommen. Aber die Seile am Boden halten nicht und der Ballon steigt. Obwohl er keinerlei praktische Erfahrung mit einem Ballon hat, meistert Otto Groschenbügel diese schwierige und gefährliche Situation und beide landen wieder unbeschadet. Sie gestehen sich ihre Zuneigung und er gibt zu, kein berühmter Flieger zu sein. Der Fluglehrer will ihn nach dieser Aktion sofort rauswerfen, ist jedoch von seinem Reue und Einsicht beindruckt und gibt ihm eine letzte Chance, mit dem Befehl sich nicht bei jeder Gelegenheit feiern zu lassen.

Nach weiteren Übungsflügen erhält der Protagonist die Erlaubnis, alleine aufzusteigen. Er ist überglücklich, vergisst alle Vorsichtsmaßnahmen, führt die wagemutigsten Kapriolen aus und landet letztendlich auf dem Marktplatz von Dinkelstätt. Dort wird ihm erneut ein überwältigender Empfang bereitet. Auch seine Marianne ist da und er macht ihr einen Heiratsantrag. Auf dem Rückflug kommt es zur Bruchlandung, die er heil übersteht. Daraufhin erbittet er um seine Entlassung, da er einsieht, dass er durch seine Disziplinlosigkeit allen geschadet hat. Doch der Fluglehrer behält ihn, da er Einsicht gezeigt hat. Otto Groschenbügel wird zum Fluglehrer ausgebildet, nachdem auch er die Lösung verinnerlicht hat, dass Disziplin das oberste Gebot in der Fliegerei zu sein hat.[101]

Wie bereits genannt, ist „Quax der Bruchpilot" neben anderen Filmen, die mit Rühmann im Dritten Reich gedreht wurden, nach einem bestimmen Schema

---

[101] Vgl. Hoffmann, „Quax der Bruchpilot", DVD, 85 min., 2009.

gedreht: Ein Querdenker rennt gegen die Anderen an und wird zurückgewiesen. Er gibt aber nicht auf, sondern versteht und verinnerlicht seine Fehler, eigenständig oder mit Hilfe von anderen Menschen, die es gut mit ihm meinen und kommt schließlich zurück in die Gemeinschaft. Diese in sich abgeschlossene Handlung wirkt auf den ersten Blick relativ harmlos und unscheinbar. Die nachfolgende Analyse einzelner Szenen und Charaktere soll zeigen, inwiefern der Erziehungsauftrag, den Goebbels im Medium Film stets betonte, beim Film „Quax der Bruchpilot" verwirklicht wurde und welcher gewünschte Effekt beim Besucher dieses Kinofilms eintreten sollte.

5.2 Szenenanalyse

Generell sollte erwähnt werden, dass bei einer Filmanalyse aus dem Dritten Reich stets drauf geachtet werden muss, einen Blick auf die zeitgenössischen Gegebenheiten zu werfen. Nicht alles was beispielsweise einen militärischen Hintergrund hat, muss grundsätzlich von nationalsozialistischem Gedankengut durchtränkt sein.

Im äußeren Erscheinungsbild des Films „Quax der Bruchpilot" finden sich keinerlei nationalsozialistische Symbole. Es wehen keine Hakenkreuzfahnen, weder in der Stadt, noch auf dem Flugplatz. Es werden keine Hände zum „Heil Hitler" erhoben, sondern man gibt sich zur Begrüßung die Hand. Es fehlen jegliche Uniformen. Ob es die Leute auf dem Flughafen sind oder Bürger des Städtchens, sie alle sind in ziviler Kleidung zu sehen. Man spürt beim genaueren Hinhören lediglich im ersten Bild dieses Streifens, dass ein militärischer Ton herrscht und ein bestimmter Menschentyp bevorzugt wird. „Wir brauchen hier Männer, richtige Kerle, keine Waschlappen".[102] Des Weiteren ist auffällig, dass Reisen ins Ausland möglich sein sollen. Der Hauptdarsteller gewinnt eine Urlaubsreise nach Teneriffa.[103] Dieses Thema spielt zwar im weiteren

---

[102] Hoffmann, „Quax der Bruchpilot", DVD, 00:14:12 – 00:14:19 min. (Kap. 5).
[103] Vgl. Hoffmann, „Quax der Bruchpilot", DVD, 00:15:44 – 00:16:25 min. (Kap. 5).

Verlauf des Filmes keine Rolle mehr, doch wurde es, wenn auch kurz, angeschnitten. Die Aufnahmen von den deutschen Landen, in der keine Großstadt und kein Industriekomplex zu sehen sind, zeugen von überwältigender Schönheit, sodass Fernweh unbegründet scheint. Auch der Inhalt des Filmes scheint auf den ersten Blick absolut unpolitisch zu sein: Ein ziviler Fliegerverein bildet interessierte Jungen zu Piloten aus. Ein Querkopf taucht ab und an auf, aber die Verantwortlichen des Vereins schaffen es nach einigen Schwierigkeiten, ihn einzugliedern. Ein Film, der der Entspannung und Ablenkung gegen den Frust im Alltag der Zuschauer dient. So wie es Goebbels gefordert hatte: „Die nationalsozialistische Jugenderziehung erkennt das gesunde Lebens- und Entspannungsbedürfnis der Jugend an."[104] Dieser Aufforderung sind die Produzenten strikt gefolgt. Die Zuschauer gehen zufrieden nach Hause. Sie haben einen spannungsreichen Film gesehen und viel lachen können.

Die Bürger scheinen in diesem Film eine wichtige Rolle zu spielen. Sie verkörpern die Volksgemeinschaft, eine Idealvorstellung des Dritten Reiches, in der die Klassenunterschiede verschwunden sein sollten. Jeder Einzelne gehörte zur Volksgemeinschaft, bei der die Zugehörigkeit zur arischen Rasse eine notwendige Bedingung war.[105] Im Film scheint sie zumindest im kleinen Städtchen Dinkelstätt zu funktionieren. Demnach wird Otto Groschenbügel vom Bürgermeister persönlich gebeten, an den Honoratiorentisch zu kommen. Natürlich ist ein Hintergedanke dabei. Er und viele andere des Dorfes sehnen sich danach, einen „Helden der Luft" in ihren Reihen zu haben. Dessen Ruhm soll auch dem unbedeutenden Dorf ein wenig Glanz versprechen. Otto Groschenbügel beginnt von seinen angeblichen Abenteuern in der Luft zu prahlen. Keiner der Anwesenden erhebt Einspruch dagegen, sondern sie bejubeln ihn und sehen ihn schon als ersten Helden des Dorfes. Sie rufen ihn als

---

[104] Köppen, „Kunst der Propaganda" in: Ders. Kunst der Propaganda, , S.7-14, S. 13.
[105] Vgl. Frei, 1945 und wir, 2000, S. 108f.

„Pionier der Luft" und „Wolkenstürmer" aus. Sogar ein Ständchen wird ihm vom Schulchor dargebracht.[106] Wieso jedoch unterlagen die Bürger den augenscheinlichen Lügengeschichten von Otto Groschenbügel? Ihre Gutgläubigkeit grenzt fast schon an Dummheit. Wird hierbei etwa versteckte Kritik an der propagierten Volksgemeinschaft laut? Diese Frage ist nicht genau zu beantworten. Ein anderer Erklärungsversuch wäre der Zusammenhalt, den der Film durch diese Szene propagieren will. Die Menschen versuchten alles, um aus ihren Reihen einen Helden zu erschaffen, auch wenn dies hieß, die Lügen zu ignorieren und zu bejubeln. Denn die Gemeinschaft hatte die Macht, am Ende des Films einen wahren Helden in ihrer Mitte hervorzubringen. In der Realität scheint dies eher unglaubwürdig. Hier wird der propagandistische Einfluss sehr deutlich. Die Heldenverehrung war ein fester Bestandteil der Volksgemeinschaft, besonders bei Reichsparteitagen. Hier wurde jedes Mal der Männer gedacht, die bei Hitlers Machtaufstieg ums Leben gekommen waren. Sie hatten sich für ‚die Idee' geopfert, wie es damals hieß. Otto Groschenbügels Fluglehrer Hansens erklärt seinem Schützling in einer Szene: „Wir suchen hier Männer, die für die Idee kämpfen."[107] Dieser Satz scheint nicht zufällig gewählt zu sein. Hier wird Goebbels Auftrag an die Filmemacher deutlich.

Eine weitere Szene beschäftigt sich mit dem Medium der Musik in Filmen. Nachdem Quax und Marianne wieder heil gelandet sind, sitzen sie mit der Familie und den restlichen Flugschülern im Haus des Ehepaares. Das Lied „Heimat deine Sterne" wird von Otto Groschenbügels Kameraden gespielt, während alle im Einklang mitsingen. Die Melodie ist leicht schnulzig, also gefühlsbetont.[108][50] Dabei wird die Liebe zur Heimat beschworen. Dadurch entsteht bei den Betroffenen im Film ein sehr enger Zusammenhalt. Die Begriffe Blut, Boden, und auch Heimat, hatten im Dritten Reich eine fast mystische

---

[106] Vgl. Hoffmann, „Quax der Bruchpilot", DVD, 00:19:30 – 00:24:35 min. (Kap. 7).
[107] Ebd., 00:17:01 – 00:18:57 min. (Kap. 5).
[108] Vgl. ebd., 00:56:20 – 00:58:13 min. (Kap. 12).

Bedeutung, gar fast sakralen Charakter. Sie wurden dem Volk in vielen Reden der Führungskräfte als das einzig Wahre vermittelt, für das es sich lohnte zu leben und zu kämpfen. Durch die musikalische Untermalung in der Szene soll die Verbundenheit zur Heimat beim Publikum gestärkt werden. So wurde auch die Musik, als ein emotionales und gefühlsbetontes Medium, in Verbindung mit dem Film genutzt, um die Zuschauer für die ideologischen Werte zu sensibilisieren. Das Lied machte auch nach dem Film Karriere. Es wurde in den folgenden Jahren jedes Mal bei den Wunschkonzerten gesungen und diente dazu, über die Musik eine gefühlsmäßige Bindung zwischen den Daheimgebliebenen und den Soldaten an der Front zu schaffen.

In einer späteren Szene wird der Kult um den Helden des Films noch einmal deutlich. Otto Groschenbügel landet mit seinem Flugzeug mitten auf dem Dorfplatz von Dinkelstätt, umjubelt von vielen hundert Bürgern, die ihn als Helden ihres Dorfes feiern.[109] Diese Szene zeigt die große Anerkennung, die dem Fliegerhelden aus dem Dorf entgegen gebracht wird. Man kann erkennen, dass jeder kleine Bürger, genauso wie der Protagonist, zum Helden eines ganzen Dorfes werden kann, vorausgesetzt er bewirbt sich als Flugschüler und bleibt den nationalsozialistischen Werten wie Gehorsam, Disziplin und Eingliederung treu. Folglich liegt auch hier eine unterschwellige Beeinflussung des Publikums vor. Zusammenfassend kann man anhand der ausgewählten Szenen erkennen, inwiefern der Film von nationalsozialistischer Beeinflussung geprägt ist. So kann der gesamte Film als ein zunehmender Prozess der Unterwerfung unter die Autorität des Lehrers gedeutet werden. Eine „Erziehung zur Kameradschaft"[110], wie es Helmut Arntzen beschreibt. Das narzisstische Auftreten Otto Groschenbügels ermöglicht es ihm, letztendlich als ‚richtiger' Mann aufzutreten und in die Fußstapfen seines Ausbilders zu treten. Seine Einordnung in die hierarchischen Autoritätsstrukturen wird mit seinem Triumph

---

[109] Vgl. ebd., 01:13:20 – 01:13:56 min. (Kap. 15).
[110] Arntzen, „Nebeneinander", in: Ders. ‚Ursprung der Gegenwart, S. 1-168, S. 51.

bei der Frau belohnt. Auf diese Weise wird er in beiden Fällen zum ‚richtigen'
Mann.[111]

5.3 Analyse der Charaktere:

Der Protagonist Otto Groschenbügel, gespielt von Heinz Rühmann, ist ein
kleiner, zierlicher Mann, der jedoch sehr wendig in seinen Bewegungen ist.
Seine Augen strahlen Lebensfreude und Schlagfertigkeit aus, wenn er lacht oder
jemandem zuzwinkert, weil er wieder eine kesse Bemerkung gemacht hat und
sich selbst darüber freut. Er redet gern und viel und ist nicht auf den Mund
gefallen, bei jeder Gelegenheit eine passende Antwort zu geben. Als
Angestellter eines kleinen Verkehrsbüros kann er jedem Kunden eine genaue
Auskunft geben und ist dabei stets höflich und zuvorkommend. Kleinere
Unzufriedenheiten der Reisenden löst er mit einer humorvollen Bemerkung.[112]
Doch ist Otto Groschenbügel nicht nur ein gewissenhafter Angestellter, der viele
Zahlen im Kopf hat, sondern auch ein Naturliebhaber und Dichter. In seinen
Versen preist er die Heimat und das Reisen. Neben seinem Beruf hatte er Zeit,
seinen individuellen Neigungen nachzugehen, die Natur zu bedichten. Er ist ein
gefühlsbetonter und romantischer Charakter. Auf dem Flugplatz erlebt er das
Gefühl der Gemeinschaft. Da sich jedes Mitglied auf den anderen verlassen
muss, haben Einordnung, Gehorsam und Disziplin höchste Priorität. Otto
Groschenbügel macht sich schnell durch seine Bemerkungen und seine
Sonderwünsche unbeliebt. Vor der ersten Flugstunde gibt er sich sehr ängstlich
und muss gezwungen werden einzusteigen. Nach der Landung strotzt er vor
Selbstbewusstsein, springt aus der Maschine und prahlt erheblich, sodass seine
Kameraden weiter von ihm abrücken. Die Rolle des Otto Groschenbügel ist so
angelegt, dass ein Jugendlicher sich darin wieder erkennen kann. Dies lässt
sich unter anderem damit begründen, dass sich häufig Heranwachsende in einer

---

[111] Vgl. Lowry, Der Filmstar, S.42.
[112] Vgl. Hoffmann, „Quax der Bruchpilot", DVD, 00:14:13 – 00:14:17 min. (Kap. 4).

Lebensfindungsphase befinden und nicht selten mit ihrem Gehabe anecken. Dadurch bietet diese Rolle besonders für junge oder unsichere Menschen Identifikationscharakter. Selbst in aussichtslosen Situationen behält Otto Groschenbügel stets seinen Humor und letztendlich wird ihm immer geholfen. Er befindet sich also oft in einer aussichtslosen Situation, wird aber nie alleine gelassen. Einer aus der großen Gemeinschaft, sein Fluglehrer, glaubt an ihn, und hilft ihm, sein Ziel, selbst Flieger zu werden, zu verwirklichen. Dies gelingt ihm, wie das Ende des Filmes zeigt. Otto Groschenbügel steht glücklich und voller Begeisterung vor einer Reihe junger Auszubildender. Seine Forderungen an sie lauten „fliegerische Zucht und Ordnung steht über Allem"[113], genauso wie er es letztendlich selbst gelernt hat.

Die fünf Kameraden von Otto Groschenbügel erfüllen hingegen alle aufgetragenen Aufgaben pflichtgemäß ohne Widerspruch zu leisten. Sie scheinen die Dienstvorschrift des Militärs vollkommen verinnerlicht zu haben im Gegensatz zu Otto Groschenbügel. Die fünf bleiben meistens im Hintergrund, erscheinen jedoch immer in mustergültiger Haltung als Gegengewicht zum Hauptdarsteller. Man merkt, dass sie im Sinne des Nationalsozialismus sozialisiert wurden. Schon früh gehörten sie vermutlich der Hitlerjugend an. Das zeigt sich vor allem in ihrem Verhalten. Sie können sich unterordnen und gehorchen. Doch sind sie keine Kameraden, die den Anderen zur Seite stehen und helfen. Die fünf lachen über den Protagonisten und verspotten ihn. Dabei hatte der Fluglehrer bei ihrer Einweisung betont, dass sie alle eine große Familie bilden, in der sich alle wohlfühlen. Am Ende des Filmes beneiden sie Otto Groschenbügel um dessen bevorzugte Stellung bei ihrem gemeinsamen Vorgesetzten. Folglich werden sie ihrer zugewiesenen Rolle als Vorbildfunktion in diesem Punkt absolut nicht gerecht. Dabei ist es durchaus denkbar, dass der Regisseur Kurt Hoffmann bewusst diesen Aspekt

---

[113] Ebd., 01:25:12 – 01:25:16 min. (Kap. 17).

ignoriert hat, um den Erfolgsweg des Helden besonders eindrucksvoll darzustellen. Somit hätte sich der Hauptdarsteller auch gegen seine ihm verachtend gegenüberstehenden Kameraden durchgesetzt. Auch ist es möglich, dass die Anweisungen Goebbels von den Filmemachern nicht strikt befolgt wurden, oder es in diesem Fall von Goebbels gar instruiert wurde, bewusst nicht nur Idealgestalten in diesem Film zu schaffen. Dadurch erschienen die Charaktere ehrlicher und gaben dem Zuschauer ein zugänglicheres Identifikationsmuster.

Das Mädchen Marianne, Otto Groschenbügels zukünftige Frau, entspricht in ihrem Handeln und Reden ganz der Rolle, die die nationalsozialistische Ideologie dem deutschen Mädchen zugewiesen hatte. Sie scheint brav und sittsam zu sein und dem Mann die Führung zu überlassen, da er klüger und stärker dargestellt ist. Bei der Ballonfahrt verliert Marianne trotz gefährlicher Situationen nicht ihr Vertrauen zu ihrem Angebeteten. Sie hätte auch gar keine Angst gehabt, wenn er ihr gesagt hätte, dass er gar nicht fliegen kann, erzählt sie ihm nach der Landung.[114] Sie ist angepasst, untersteht den Eltern bis zur Heirat, die im Film nur angedeutet wird. Sie scheint keinen Beruf auszuüben, weshalb sie auf eine Eheschließung angewiesen ist.[115]

Der Fluglehrer Hansen ist ein sportlicher Typ, der dem Zuschauer durch seine freundliche und offene Art gleich sympathisch erscheint. Er hat es bereits geschafft als Fluglehrer zu arbeiten und interessierte Jungen zu Piloten auszubilden. Dies ist eine verantwortungsvolle Aufgabe, die er gewissenhaft erfüllt. Er fordert von seinen Schülern bedingungslose Disziplin. Seine Anweisungen sind kurz und knapp und gleichen einem militärischen Befehlston. Hansen sieht in dem sich auflehnenden Otto Groschenbügel keinen fähigen Flugschüler. Streng und nur der Sache verpflichtet gibt er ihm keine

---

[114] Vgl. ebd., 00:51:42 – 00:52:39 min. (Kap. 11).
[115] Schneider, Frauen unterm Hakenkreuz, 2003, S. 15f.

Chance und wirft ihn hinaus. Erfolglos versucht er dessen Rückkehr zu verhindern. Groschenbügels Zähigkeit, Ausdauer und heitere Gemütslage, die er im weiteren Verlauf der Ausbildung zeigt, lassen ihn bei Hansen in einem besseren Licht erscheinen. Der Ausbilder erkennt dessen große fliegerische Begabung, und versucht die charakterlichen Schwächen wie Disziplinlosigkeit und Angeberei zu bekämpfen. Aber er wirft seinen Schüler weder nach der abenteuerlichen Ballonfahrt, noch nach der Bruchlandung hinaus. Im Gegenteil, ermutigt er ihn bei der Fliegerei zu bleiben. „Sie wollen Flieger werden, ein vernünftiger Beschluss."[116] Der strenge Vorgesetzte entpuppt sich hier als Freund und Helfer. Die Rolle des Hansen in diesem Film ist eine Vorzeigerolle. Er ist ein Vorbild für seine Untergebenen. Auch einen schwierigen Schüler wie Groschenbügel bringt er an die richtige Stelle. Er ist eine Führergestalt, der sich jeder anvertrauen kann. Dies kann als Vorlage für den Führerkult, der um die Person Hitlers aufgebaut wurde, gedeutet werden. Folglich lässt sich feststellen, dass die Rolle des Fluglehrer Hansens doch sehr vom nationalsozialistischen Geist geprägt ist.

Aus den Analysen der Charaktere lässt sich schließen, dass diese in „Quax der Bruchpilot" ganz bewusst inszeniert wurden. Sie wurden ausgewählt, um gezielt auf den Zuschauer zu wirken und ihm dadurch eine Identifikationsmöglichkeit zu geben. Besonders der Protagonist Otto Groschenbügel zeigt den Wandel von einem Außenseiter, der später, integriert in die Gemeinschaft, eine bedeutsame und erfolgreiche Person repräsentiert. Dies sollte demonstrieren, dass jeder einen wichtigen Platz in der Gemeinschaft finden konnte, sofern er sich unterordnete und diszipliniert verhielt. Die Charaktere erfüllten demnach bestimmte Rollen, die von der nationalsozialistischen Ideologie in der Gemeinschaft gefordert wurden. Auf

---

[116] Vgl. Hoffmann, „Quax der Bruchpilot", DVD, 00:53:45 – 00:54:39 min. (Kap. 11).

diese Weise dienten die Figuren als Vorbildcharaktere, die dem Zuschauer die verschiedenen Rollen und Aufgaben in der Volksgemeinschaft aufzeigten.

6. Fazit

Der Film wurde im Dritten Reich wie kein anderes Medium benutzt, um die Massen zu beeinflussen und sie von der nationalsozialistischen Ideologie zu überzeugen. Da viele Propagandafilme, wie zum Beispiel der Film „Der ewige Jude", beim Publikum auf wenig Zustimmung stießen, suchte das Regime nach anderen Möglichkeiten. Der Unterhaltungsfilm an sich wurde von vielen Besuchern nicht als politisch wahrgenommen, was sich augenscheinlich besonders gut für unterschwellige Propaganda eignete.[117] Aus diesem Grund wurden viele neue H-Filme gedreht und mit versteckter und unterschwelliger Propaganda versehen. Diese Filme waren überwiegend so aufgebaut, dass sie beim Publikum durch mehr Gefühl und Wiedererkennungswert bestimmte Emotionen weckten. Viele Unterhaltungsfilme wurden flächendeckend im ganzen Reich gezeigt. Selbst die weit abgelegenen Kinos in den Provinzen hatten sie im Programm, sodass sie möglichst vielen Menschen präsentiert werden konnten. Die Nationalsozialisten übernahmen den Starkult aus Hollywood, allerdings nicht zur Profitsteigerung, sondern vielmehr aus ideologischen Gründen, um mit propagandistischen Mitteln ihre Ansichten im Volk zu festigen. Der Unterhaltungsfilm des Dritten Reiches war somit unzweifelhaft ein Propagandainstrument, das neben der Vermittlung der nationalsozialistischen Werte vor allem der Ablenkung und der Schaffung der Illusion einer heilen Welt diente.

Zusammenfassend lässt sich im Heinz Rühmann Klassiker „Quax der Bruchpilot" bei genauerem Hinsehen feststellen, dass dieser Unterhaltungsfilm von nationalsozialistischem Gedankengut durchsetzt ist. Ziel war es, das Volk in

---

[117] Vgl. Kleinhans, Ein Volk, ein Reich, ein Kino, S. 138f.

diesem Sinne unbewusst zu beeinflussen und zu lenken. Folglich lässt sich die Behauptung aufstellen, es handele sich um einen Werbefilm, der das Ziel hat, junge Männer anzulocken und den Fliegerberuf zu ergreifen. Außerdem sollte der Film Ablenkung aus dem mittlerweile über Deutschland herrschenden Kriegstalltag bieten. Durch malerische Landschaften und viel Heimatidylle wirkt dieser Film absolut friedlich. Es ist daher durchaus möglich, dass einem Besucher der Gedanke an die Gefahr des laufenden Krieges eher abwegig vorkam. Es handelte sich um einen Unterhaltungsfilm, der zur Normalisierung einer unnormalen Situation diente. Die Analyse der Charaktere zeigt eine deutliche Einteilung in verschiedene Rollen, die zum einen als Musterbeispiel, zum anderen als Identifikationsmodell dienen sollten. Im Schauspieler Heinz Rühmann, der damals schon ein Filmstar und selbst begeisterter Hobbyflieger war, hatte man die ideale Besetzung gefunden, die Rolle des Otto Groschenbügels überzeugend darzustellen. Es bleibt jedoch die Frage offen, warum gerade dieses Thema 1941 für ein Drehbuch gewählt wurde. Hitler und Göring hatten beschlossen, die Luftwaffe zu vergrößern, um die immer größer werdende Gefahr aus der Luft zu unterbinden. Dafür brauchte das Dritte Reich unter anderem mehr Flugpersonal, vor allem da 1941 die Verluste unter den Fliegern erheblich gestiegen waren. Das Regime musste handeln. Ein Film wie „Quax der Bruchpilot" sollte als lustiger Werbeträger dienen. Eine tollkühne Ballonfahrt und eine Bruchlandung überstehen die Beteiligten im Film, ohne Schaden zu nehmen. Die Fliegerei, so sollten die Bilder zeigen, war im Grunde harmlos. Jeder junge Mann konnte sie erlernen. Der Doppeldecker war einfach zu bedienen, ebenso unkompliziert zu starten und zu landen. Dementsprechend soll den Zuschauern vermittelt werden, dass die Fliegerei leicht zu erlernen ist und keine besonderen Fähigkeiten außer Disziplin und Unterordnung dafür nötig waren. Dadurch richtete sich der werbende Faktor an eine breite Masse und nicht nur an eine kleine Zielgruppe mit besonderer Qualifikation.

Doch bleibt die Frage offen, wie viel Nutzen die Nationalsozialisten aus diesem Film zogen. Wurde die damalige Jugend vom Film „Quax der Bruchpilot" überhaupt in dem geforderten Maße propagandistisch beeinflusst? Die Propaganda war in diesem Streifen gut versteckt und unterschwellig, sodass die Erfolgschancen, als Werbung für die Luftwaffe zu dienen, hinterfragt werden müssen. Ist es möglich, dass sie gar zu unterschwellig war? Das zu Beginn der Hausarbeit angeführte Zitat Joseph Goebbels, in der von einer Propaganda die Rede ist, von der das öffentliche Leben überhaupt keine Kenntnis hat, scheint hier passend, da es sein konnte, dass das Publikum durch die verdeckten Botschaften nur wenig oder gar nicht beeinflusst wurde. Genau ergründen lässt sich diese Behauptung in der vorliegenden Arbeit allerdings nicht. Die Analyse sowohl des Streifens „Quax der Bruchpilot" als auch die Darstellung des Mediums Film können sicherlich noch weiter ausgeführt werden. Zum einen würde dies jedoch das Ausmaß dieser Hausarbeit überschreiten und zum anderen wären, um eine wirkliche generalisierende Aussage zu treffen, Zeitzeugenbefragungen und Berichte über die Effektivität des Films von Nöten. Dies ließe sich im Ausblick auf die Wirkung der Filme sicherlich näher betrachten. Insgesamt haben die Nationalsozialisten das Ziel, eine Ablenkung aus dem Kriegsalltag zu generieren, durch diese Art von Filmen erreicht. Somit war der Film „Quax der Bruchpilot" dem Regime durchaus von Nutzen. Der erzieherische oder gar werbende Faktor allerdings könnte durch seine Unterschwelligkeit außen vorgeblieben sein.

Literaturverzeichnis

Albrecht, Gerd: Die großen Filmerfolge. Vom Blauen Engel bis Amadeus, Frankfurt am Main 1985.

Albrecht, Gerd: Der Film im Dritten Reich. Eine Dokumentation, Karlsruhe 1979.

Arntzen, Helmut: „Nebeneinander. Film, Literatur, Denken und Sprache der Dreißiger Jahre", in: Ders. [u.a.]: Ursprung der Gegenwart. Zur Bewusstseinsgeschichte der Dreißiger Jahre in Deutschland, Weinheim 1995, S. 1-168.

Donner, Wolf: Propaganda und Film im „Dritten Reich", Berlin 1995.

Frei, Norbert: 1945 und wir. Das Dritte Reich im Bewusstsein der Deutschen, München 2000.

Freud, Sigmund: Massenpsychologie und Ich –Analyse, Frankfurt 1972.

Freud, Sigmund: „Der Dichter und das Phantasieren", in: Ders. Studienausgabe, Bildende Kunst und Literatur, Band 10, Frankfurt 2007, S. 169-180.

Hoffmann, Hilmar: Und die Fahne führt uns in die Ewigkeit. Propaganda im NS-Film, Frankfurt a.M. 1988.

Kaiser, Marian: „Rundfunk und Film im Dienst nationaler Kultur", in: Köppen, Manuel [u.a.], (Hg.) , Kunst der Propaganda. Der Film im Dritten Reich, Frankfurt am Main 2007, S.15-35.

Kirst, Hans Hellmut: Heinz Rühmann. Ein biographischer Report, München 1969.

Kleinhans, Bernd: Ein Volk, ein Reich, ein Kino. Lichtspiel in der braunen Provinz, Köln 2003.

Klee, Ernst: „Heinz Rühmann", in: Ders., Das Kulturlexikon zum Dritten Reich. Wer war was vor und nach 1945, 2007 Frankfurt am Main, S. 502.

Koch, Gertrud: Der NS-Film – Institutionen, Genres und Ästhetik, in: Sösemann, Bernd: Der Nationalsozialismus und die deutsche Gesellschaft. Einführung und Überblick, Stuttgart [u.a.] 2002, S.210-220.

Köppen, Manuel /Schütz, Erhard: „Kunst der Propaganda. Der Film im Dritten Reich", in: Ders. Kunst der Propaganda. Der Film im Dritten Reich, Frankfurt am Main 2007, S.7-14.

Körner, Thorsten: Ein guter Freund, Heinz Rühmann Biographie, Berlin 2000.

Lowry, Stephen / Korte, Helmut: Der Filmstar, Brigitte Bardot, James Dean, Götz George, Heinz Rühmann, Romy Schneider, Hanna Schygulla und neuere Stars, Stuttgart [u.a.] 2000.

Moeller, Felix: Der Filmminister. Goebbels und der Film im Dritten Reich, Berlin 1998.

Quanz, Konstanze: Der Film als Propagandainstrument Joseph Goebbels, Köln 2000.

Schieder, Wolfgang / Dipper Christof: Die Wiederentdeckung des Propagandabegriffs um 1900, in: Conze, Werner [u.a.] (Hg.): Geschichtliche Grundbegriffe. Historisches Lexikon zur politisch-sozialen Sprache in Deutschland, Stuttgart 1984, Band 5, S. 100 -107.

Schiweck, Ingo: (...) weil wir lieber im Kino sitzen als in Sack und Asche, Münster 2002.

Schneider, Wolfgang: Frauen unterm Hakenkreuz, Hamburg 2003.

Winkler-Mayerhöfer, Andrea: Starkult als Propagandamittel. Studien zum Unterhaltungsfilm im Dritten Reich, München 1992.

Witte, Karsten: Lachende Erben, Toller Tag. Filmkomödie im Dritten Reich, Berlin[u.a.] 1995.

Witte, Karsten : Film im Nationalsozialismus. Blendung und Überblendung, in: Jacobsen, Wolfgang [u.a.] (Hg.): Geschichte des deutschen Films, Stuttgart [u.a.] 1993, S. 119-170.

Wulf, Josef: Kultur im Dritten Reich, Theater und Film, Berlin 1989.

Quellen

Hitler, Adolf: Mein Kampf, München 1942.

Hoffmann, Kurt: „Quax der Bruchpilot", DVD, 85 Min., Deutschland: Universum Film GmbH 2009, (Deutschland 1941).

Heinz Rühmann im Nationalsozialismus - Sein Star-Image anhand des Filmes "Die Feuerzangenbowle"

Stefanie Aue

2005

1. Einleitung

Erinnerungen an die eigene Schulzeit zaubern vielen Menschen ein Schmunzeln in das Gesicht. Späße mit den Klassenkammeraden oder aber – nicht weniger oft – mit und über die Lehrer sind den meisten sicherlich noch im Gedächtnis geblieben. Doch eben diese sind es, die die Hauptfigur aus *Die Feuerzangenbowle* (1944, Regie: Helmut Weiß), aufgrund von häuslichem Privatunterricht, nicht erlebt hat und sich deshalb auf eine Entdeckungsreise seiner nie erlebten Schulzeit begibt.

Heinz Rühmann, der in diesem Film die Rolle des erfolgreichen Schriftstellers Pfeiffer und gleichzeitig die des gleichnamigen Pennälers übernimmt, währte als Langzeitstar über Jahrzehnte hinweg. In der Zeit des Nationalsozialismus avancierte er zum Filmstar, wobei *Die Feuerzangenbowle* dabei schon einer seiner späteren Filme war. In diesen Jahren entstand seine noch weit über das Ende des Dritten Reiches anhaltende Beliebtheit. Maßgeblich für diese besondere Beliebtheit war sein Star-Image, das in dieser Hausarbeit näher beleuchtet werden soll. Wie hat Heinz Rühmann damals auf seine Zuschauer gewirkt? Welche spezifischen Charakterzüge machen die Figuren Rühmanns aus? Und welches Geheimnis steckt hinter der Beliebtheit seiner Filme, die Scharen von Zuschauern in Kinos lockte? Um dies herauszufinden, soll im Rahmen dieser Hausarbeit, unter dem Thema „Heinz Rühmann im Nationalsozialismus – Sein Star-Image anhand von *Die Feuerzangenbowle*", sein Image zur Zeit des Dritten Reiches genauer untersucht werden.

Zunächst werde ich Heinz Rühmann und dessen Leben im Kontext des Nationalsozialismus' darstellen. Daran anschließend werde ich auf sein Star-Image und eine Methode für dessen Analyse überleiten. Daraufhin wird die Untersuchung anhand dieser Methode in Bezug auf den Film *Die Feuerzangenbowle* folgen.

2. Rühmanns Verhältnis zum Nationalsozialismus

Zur Zeit der Machtergreifung der Nationalsozialisten 1933 spielte Heinz Rühmann noch viel im Theater. Doch erschienen auch Filme mit ihm am laufenden Band. Er drehte, wie er selbst sagte, ziemlich wahllos in dieser Zeit, um seine Fliegerleidenschaft zu finanzieren [PEIPP 1994, 25]. Für Rühmann war es also ein erfolgreiches Jahr, doch in dessen Verlauf bekam er immer öfter mit, wie jüdische Freunde und Kollegen aus Deutschland emigrierten. Er selbst war seit 1924 mit einer Jüdin verheiratet, Maria Rühmann, geborene Bernheim.

Während einige von Rühmanns Kollegen sich schon zu Anfang der nationalsozialistischen Herrschaft in Propagandafilmen zeigten, versuchte er selbst solchen Filmen aus dem Weg zu gehen. Trotz seiner Bemühungen war er mit *Drei blaue Jungs, ein blondes Mädel* (1933) doch einmal in die Propagandamaschinerie der Nationalsozialisten geraten. Von dem für die deutsche Marine werbenden Film sowie von einigen anderen zu dieser Zeit gedrehten Filmen distanzierte sich Rühmann später. Ende des Jahres wurde er in die von Propagandaminister Joseph Goebbels gegründete Reichsfilmkammer aufgenommen, obwohl er noch immer mit Maria Bernheim verheiratet war. Doch machte Rühmann selbst keinerlei Unterschied zwischen jüdischen und nicht-jüdischen Menschen und pflegte seine Kontakte zu seinen mittlerweile teilweise ins Ausland emigrierten jüdischen Freunden weiter. Er selbst wollte mit seiner Frau 1934 Deutschland verlassen und sich in Österreich niederlassen, doch gelang ihnen die Auswanderung nicht. Zu dieser Zeit

Abb. 1: **Heinz Rühmann**
Quelle: http://www.kino sessel.de/ruehmann.htm

[Stand 16.09.05]

kriselte es bereits in der Ehe des Schauspielers, woraufhin er beschloss in Deutschland zu bleiben. Um seine Karriere erfolgreich fortsetzen zu können, bot

Deutschland für einen deutschsprachigen Schauspieler der damaligen Zeit die größten Chancen. Doch arbeitete er weiterhin auch bei jüdischen Firmen in Österreich, bis man ihm von Seiten der Nationalsozialisten deutlich machte, dass man sein Verhalten „als provozierend empfinde" [GÖRTZ 2001, 155]. Auch die Ehe mit einer inzwischen getrennt von ihm lebenden „Volljüdin" wurde nicht geschätzt. Rühmann weigerte sich jedoch noch 1936, sich von Maria Bernheim scheiden zu lassen, da er um das Leben seiner Frau fürchtete.

Mit der Komödie *Wenn wir alle Engel wären* (1936) schaffte Rühmann seinen Durchbruch als Filmstar und zählte damit zur Filmelite des Dritten Reiches. Doch hatte sich Rühmann nicht nur in die Herzen der Zuschauer gespielt, sondern erfreute sich auch großer Beliebtheit bei Hitler und Goebbels. Letzterer ernannte Rühmann im Dezember 1937 für den Kunstausschuss der Produktionsfirma Tobis, in dem unter anderen auch Leni Riefenstahl mitwirkte. Dies zeugt davon, wie sehr Goebbels Rühmann schätze, obwohl er Auftritte in Propagandafilmen mied. Aber es gab noch andere Möglichkeiten, einen Star der damaligen Zeit propagandistisch einzusetzen. Den alljährlichen Sammlungen für das Winterhilfswerk konnte ein Künstler nicht aus dem Weg gehen, so auch Heinz Rühmann nicht. 1937 sammelte Rühmann auch bei dem bekanntesten Mann im Staat, bei Hitler selbst. Ein Foto, das zu diesem

Abb. 2: **Heinz Rühmann mit Sammelbüchse bei Adolf Hitler, rechts Adjutant Julius Schaub,** Quelle: GÖRTZ 2001, 182.

Anlass entstand, zeigt Rühmann mit der Sammelbüchse neben Hitler und Adjutant Julius Schaub. „Es suggerierte ein stilles Einverständnis: auch Rühmann bekannte sich zu Hitler und zum nationalsozialistischen Deutschland" [GÖRTZ 2001, 182]. Auch wenn Rühmann politisch nicht dieser Auffassung war, so GÖRTZ weiter, wirkte es dennoch so.

Die Ehe mit Maria Rühmann, die 1938 mal in Österreich, mal in München unter anderem Namen lebte, existierte zu dieser Zeit nur noch auf dem Papier. Heinz Rühmann musste jedoch täglich auf immer neue Anfeindungen gefasst sein. Zeitschriften hetzten immer wieder gegen seine jüdische Ehefrau. Nur von Zeitungen, die Goebbels unterstanden, konnte Rühmann sicher sein, nur Positives zu vernehmen. Um eine Lösung für sein Eheproblem, der Scheidung von Maria Rühmann ohne diese zu gefährden, zu finden, wandte sich Heinz Rühmann an Hermann Göring. Dieser riet ihm, Maria solle einen neutralen Ausländer heiraten. Infolgedessen ließen sich Heinz und Maria Rühmann im November 1938 scheiden. Daraufhin ging Maria eine Scheinehe mit dem schwedischen Schauspieler Rolf von Nauckhoff ein und emigrierte später ohne ihren damaligen Mann in dessen Heimatland. Die Scheidung selbst brachte Heinz Rühmann viele Vorteile. Zum einen wurde er „von der Judenliste" [GÖRTZ 2001, 196] gestrichen. Zum anderen nahm ihn Goebbels Anfang 1939 wieder in die Reichsfilmkammer auf, aus der er wegen seiner Ehe zu Maria Rühmann zuvor ausgeschlossen worden war. Damit waren alle Einschränkungen für Rühmann, der die vorherigen Jahre nur mit einer Sondergenehmigung von Goebbels hatte drehen dürfen, aufgehoben.

Bei Dreharbeiten, bei denen er selbst Regie führte, hatte Heinz Rühmann inzwischen die Bekanntschaft der bildhübschen, österreichischen Schauspielerin Herta Feiler gemacht. Sie lernten sich lieben und heirateten 1939 in Berlin-Wannsee. Ein Jahr später stellte sich heraus, dass sie Vierteljüdin war. Goebbels verordnete in dieser Sache jedoch „strengste Amtsverschwiegenheit" [GÖRTZ 2001, 203]. Er, „der Juden aus tiefster Überzeugung heraus haßte und den Holocaust propagandistisch vorbereitete, konnte offenbar den ganzen nazistischen Rassenwahn vergessen, wenn es sich um eine Schauspielerin wie Herta Feiler und die Ehefrau von Heinz Rühmann handelte. Der Propagandaminister hatte auch keine Probleme damit, das Ehepaar Rühmann/Feiler zu sich einzuladen oder die beiden in ihrer Villa am Wannsee zu besuchen" [ebenda]. Dies zeugt von engem Kontakt zwischen Heinz Rühmann und Joseph Goebbels. Solang dieser von ihm begeistert war, hatte er wenig zu befürchten. Doch hatte ein Mitarbeiter Goebbels, Reichsfilm-Intendant Hippler, eine Reihe von Verfehlungen gegen Rühmann zusammengetragen. Neben den Umständen, dass seine Frau Herta Feiler ebenfalls nicht einwandfrei den nationalsozialistischen Überzeugungen entsprach, zählte auch zu den Anschuldigungen, dass Rühmann seine Ex-Frau, inzwischen Maria von Nauckhoff, zur Hochzeitsfeier eingeladen hatte, die ja Volljüdin war. Außerdem weigerte sich Rühmann mit „Heil Hitler" zu grüßen, in die NSDAP einzutreten und sich politisch eindeutig zu den Nationalsozialisten zu bekennen. Doch nach seiner Anhörung im Propagandaministerium wurden diese Anschuldigungen auch bald schon zu den Akten gelegt.

Rühmann hatte nie als Soldat gedient, doch auf seine Prahlerei hin, er habe außerordentliche Flugkünste, stand seine Einberufung zur Luftwaffe 1941 kurz bevor. Mittels einiger Kontakte konnte er sich jedoch das größere Übel ersparen und wurde zur technischen Kompanie einer Fliegerhorstkommandantur in Rechlin einberufen. Nach vier Wochen, die der flugbegeisterte Schauspieler vor allem seiner Leidenschaft widmen konnte, kehrte er zu seiner Frau zurück, die inzwischen Sohn Peter erwartete. Die folgenden Jahre verbrachte Rühmann beim Filmdreh. Als sich dann jedoch das Ende des Krieges näherte, drohte ihm erneut die Einziehung, diesmal jedoch zum Volkssturm. Um diesem Schicksal zu entgehen, mobilisierte er den verbliebenen Rest seiner Kollegen und Freunde und strebte einen letzten Film an. „Es hätte wahrhaftig eine Passage aus einer Filmkomödie sein können, die sie da aufführten. Der Kameramann kurbelte mit Begeisterung – ohne einen Film eingelegt zu haben. Landbewohner wurden als Komparsen für Massenszenen eingesetzt, die natürlich ein dutzendmal wiederholt werden mußten, bis sie den künstlerischen Ansprüchen genügten" [PROST 1994, 69]. Diese Pseudo-Filmerei hatte dann jedoch auch ein Ende, im Februar 1945 war der Film fertig gestellt worden. Rühmann kehrte daraufhin zu seiner Frau und seinem Sohn nach Berlin zurück und erwartete die letzten Tage des Krieges.

Heinz Rühmann war bestimmt kein Held im Nationalsozialismus – weder auf der Seite der Nationalsozialisten noch auf derer des Widerstandes. Er versuchte sich durchzukämpfen, das Beste aus seiner Situation zu machen und dabei nicht unterzugehen. Dabei machte er keine Unterschiede zwischen Juden und Angehörigen anderer Religionen und hielt sich weitestgehend von NS-Größen und NS-Propaganda fern. Doch blickte er auch nicht allzu genau auf das, was sich um ihn herum abspielte. „'Nur nicht auffallen, hieß die Devise, und sie schien für Rühmann genauso zu gelten wie für die meisten Deutschen" [GÖRTZ 2001, 164].

3. Heinz Rühmanns Filmstar-Image

Unter „Filmstar" – oder allgemeiner „Star" – wird in der Literatur ein Mensch verstanden, der über eine „besonders exponierte und bedeutsame ,,Persönlichkeit'" [LOWRY 2000, 7] verfügt, die zu seiner Qualität als Star beiträgt. Wesentlich hierfür sind die drei Eigenschaften Erfolg, Idolwirkung und Kontinuität im Image. Da das Star-Image offensichtlich eine erhebliche Rolle für den Star als solchen spielt, soll zunächst geklärt werden, was hierunter zu verstehen ist.

3.1 Zum Verständnis: „Star-Image"

Stars sind normalerweise natürliche Personen, die jedoch nicht als Person selbst, sondern als Image von dieser Person in der Öffentlichkeit Verbreitung finden. Eine Person kann erst dann wirklich zum Star avancieren, wenn ihr Image den „Geschmack" des Publikums trifft und den Anschein erweckt, die Privatperson sei ein Ebenbild ihres Images. Doch um das Interesse des Publikums aufrecht zu erhalten, darf diese Übereinstimmung nie gänzlich erfolgen, muss den „Star" immer etwas Mysteriöses umgeben. Die Öffentlichkeit, so LOWRY, erfährt die wirkliche Person nur als „ein imaginäres Konstrukt; das Publikum interagiert letztlich immer nur mit Images, nicht mit der Person" [LOWRY 2000, 9] selbst. Das Image des Filmstars wird aus verschiedenen Zeichen zusammengesetzt und entsteht in erster Linie durch Filme, aber auch durch andere Medien wie Texte, Fanberichte, Fotos und Fernsehauftritte. Da sich das Image über Jahre hinweg entwickelt, kann es passieren, dass längst gedrehte Filme erst in einer späteren Zeit Anerkennung gewinnen und den Star so in seiner Popularität aufwerten. Mit dem Tod eines Stars kann dieser ebenfalls eine neue Bedeutungsebene erlangen – so geschehen bei Marilyn Monroe, Elvis Presley oder James Dean [LOWRY 2000, 10]. Die Bedeutung und Aktualität eines Stars hängen also von der jeweiligen historischen Lage ab. „Ein Star kann im Laufe der Zeit völlig an Bedeutung verlieren, sein Image verändern oder für verschiedene Teile des Publikums in verschiedenen Kontexten sehr unterschiedliche Bedeutungen haben" [ebenda]. Das Image an sich soll, durch die Differenz zwischen wirklicher Person und imaginärer Konstruktion, dem Star etwas Übermenschliches verleihen. Dazu kann der Star selbst beitragen, indem er durch sein Talent, seine erlernten Fähigkeiten, sein Aussehen, seine Präsenz oder Ausstrahlung, sein Auftreten und seine Lebensweise überzeugt.

Die Bildung des Images lässt sich in zwei Kategorien unterscheiden. Zum einen in das *innerfilmische Image*, welches sich auf die Rollen des Stars im Film und das Leinwandimage bezieht. Zum anderen das *außerfilmische Image*, das sich auch anders mit Person, Persönlichkeit, Erscheinung, öffentliche Person oder Privatexistenz beschreiben lässt [LOWRY 2000, 11]. Dabei ist zu beachten, dass das Image meist aus der Kombination verschiedener Medien, die den Star auf ihre Weise darstellen, geprägt wird.

3.2 Heinz Rühmanns Image im Überblick

Geprägt sind Heinz Rühmanns Rollen immer wieder durch die freche und kecke Art, die er ihnen verleiht, und die auf eine sympathische Weise jeden Zuschauer zum Schmunzeln bringt. Mit einer gewissen Spritzigkeit und jugendlichen Ausstrahlung dynamisiert er seine Charaktere, die sich, trotz abwesender Perfektion, im Alltagsleben behaupten. Dabei reicht sein Repertoire von eben dieser jugendlichen Art, mit der er bekannt wurde, bis hin zu ernsteren Rollen, in die er eher am Ende seiner gut 50-jährigen Karriere schlüpfte.[118]

Im Großen und Ganzen kann Heinz Rühmanns Image in zwei Teilcharaktere unterteilt werden. Zum einen ist er „der ‚kleine Mann‘, der sich mit Pfiffigkeit, Cleverness und manchmal Frechheit durchsetzt" [LOWRY 2000, 35], zum anderen „die reifere, leisere Figur, die durch ‚Menschlichkeit‘, ‚Warmherzigkeit‘ oder durch den traurigen Humor des Bajazzo charakterisiert wird" [ebenda]. Nach LOWRYs Untersuchungen spiegeln sich die hier verwandten Begriffe auch in einer Reihe von zwischen 1960 und 1992 erschienenen Presseartikeln wieder. Doch sei nicht immer eindeutig gewesen, ob sich die Beschreibung auf die dargestellte Figur oder Rühmann selbst bezöge. „Insofern scheint eine starke Übereinstimmung zwischen dem inner- und dem außerfilmischen Image zu bestehen, so daß behauptet wurde, Rühmann spiele sich selbst" [ebenda].

3.3 Das „Fünf-Phasen-Modell" nach LOWRY

Die imaginäre Konstruktion des Stars erfüllt gegenüber dem Publikum eine Vorbildfunktion. Die eigenen Verhaltensweisen werden mit denen des Stars verglichen, er wird zum Idealbild oder zu einer Leitfigur für positive Werte. „Bei einem scheinbar ‚zeitlosen‘ Star wie Rühmann ist der Bezug zu ideologischen Problemen zunächst zwar weniger offensichtlich, besteht aber gerade in der konservativen Bestätigung gegebener Werte und

---

[118] Zu den einzelnen Phasen der Imageentwicklung Heinz Rühmanns siehe LOWRY 2000, 32ff.

Verhaltensweisen" [LOWRY 2000, 38]. LOWRY kategorisiert Heinz Rühmanns Filme in drei Hauptgruppen, welche jeweils ein Teilimage des Schauspielers repräsentieren, und benennt sie wie folgt: ‚Erziehung zur Autorität', ‚Kleinbürger auf Abwegen' sowie ‚Bewahrung der Identität in der Konfrontation mit der Obrigkeit' [ebenda]. Um eines dieser Images einmal exemplarisch aufzuzeigen, habe ich mir den wohl beliebtesten Film mit Heinz Rühmann, *Die Feuerzangenbowle*, herausgesucht und möchte an ihm das Image der ‚Erziehung zur Autorität' untersuchen.

‚Erziehung zur Autorität' meint in diesem Fall, ein an die Gesellschaft angepasstes Individuum zu werden. Der Protagonist muss sich bestimmter Verhaltensweisen entledigen, andere weiter ausbauen oder neu erlernen. Dies können jedoch in verschiedenen Filmen auch so unterschiedliche Eigenschaften sein wie Überheblichkeit oder übertriebene Zurückhaltung. „Die Figuren lernen schließlich, ihre ‚eigentliche' Position in der Gesellschaft einzunehmen und sich die dafür nötigen Eigenschaften in der ‚richtigen' Mischung von Individualismus und Unterordnung anzueignen [LOWRY 2000, 38]. Das Dargestellte – in Form von Handlungen und sozialen Normen – ist dabei immer abhängig von den gesellschaftlichen Werten, die in der Gesellschaft zu einer bestimmten historischen Zeit hoch angesehen sind.

Bei der Analyse von Heinz Rühmanns Image stellte LOWRY fest, dass sich die Filme, die unter die Kategorie ‚Erziehung zur Autorität' gefasst werden können, immer in fünf Phasen gliedern lassen [LOWRY 2000, 46]. Wie in Abbildung 3 dargestellt, befasst sich die erste Phase eines solchen Films mit der Charakterisierung

<u>**Abb. 3:**</u> **Das „Fünf-Phasen-Modell" nach** Lowry

Phasen	Inhalt
1. Phase	Charakterisierung der Hauptfigur
2. Phase	Exposition der Konflikte; fehlende Männlichkeit, beispielsweise definiert in Bezug auf: Frauen, soziale Stellung der Figur, Arbeit und persönliche Souveränität
3. Phase	Steigerung der Konflikte: Zielperspektive, Entwicklung und Rückschläge
4. Phase	Wandlung der Figur: wahre Aneignung der nötigen Eigenschaften
5. Phase	Schluss: Erfüllung der Zielvorstellungen

Quelle: Eigene Darstellung in Anlehnung an: Lowry, Stephan / Helmut Korte (2000): Der Filmstar. Brigitte Bardot, James Dean, Götz George, Heinz Rühmann, Romy Schneider, Hanna Schygulla und neuere Stars. Stuttgart: J.B. Metzlersche Verlagsbuchhandlung und Carl Ernst Poeschel Verlag GmbH. S. 46.

<u>**Abb. 4:**</u> **Verlauf der neuen Charakterbildung des Protagonisten**

Quelle: Eigene Darstellung

der Hauptfigur. Hier werden die auffallenden Eigenschaften, etwa Arroganz oder Ängstlichkeit, im Kontext der Gesellschaft gezeigt. Die darauf folgende Phase greift diese gesellschaftliche Einbindung des Protagonisten auf und entwickelt Konflikte, die aus den verschiedenen Verhaltensweisen heraus entstehen. Themen dieser Konflikte sind beispielsweise Frauen, die soziale Stellung der Hauptfigur oder deren Arbeit. In der dritten Phase steigern sich diese Konflikte stetig. Dabei wird die Zielsetzung der Figur deutlich und der Rezipient erhält einen Eindruck, wohin sich der Charakter entwickeln soll. Diese Entwicklung

Abb. 5: **Männerrunde mit Feuerzangenbowle**

Quelle: http://dvdreviews.dvdboard.de/feuerzan
genbowle.html [Stand: 14.10.05]

verläuft jedoch nicht gradlinig (siehe Abbildung 4[119]), sondern wirft die Figur immer wieder zurück, so dass sie ihre neuen Charakterzüge regelrecht erkämpfen muss. Die vorletzte Phase zeigt dem Zuschauer dann den Sieg des Protagonisten über seine „falschen" Eigenschaften und das Annehmen der neuen, besseren Verhaltensweisen. Als Lohn für diese Wandlung erreicht die Hauptfigur in der fünften Phase dann ihr Ziel, das zu Anfang formuliert wurde.

4. Die Feuerzangenbowle

4.1 Inhaltsangabe

Der Film *Die Feuerzangenbowle* (1944, Regie: Helmut Weiß, nach dem Roman von Heinrich Spoerl) ist eine schwarz-weiß Produktion und spielt im späten 19. Jahrhundert. In feucht-fröhlicher Runde zusammensitzend lauscht der erfolgreiche Berliner Schriftsteller Dr. Johannes Pfeiffer (Heinz Rühmann) den Schülerstreichen seiner Männerrunde. Bei einem Glas Feuerzangenbowle

---

[119] Siehe S. 8

beschließen sie gemeinschaftlich, dass Pfeiffer, der aufgrund seines häuslichen Privat-unterrichtes nie das richtige Schulleben kennen gelernt hat, einmal in seinem Leben die Schulbank drücken soll. Zunächst der Idee etwas skeptisch gegenüber stehend, lässt sich Pfeiffer jedoch auf dieses Spiel ein, da er nichts zu verlieren hat und es schon immer sein innerlichster Wunsch gewesen ist einmal ein ganz „normaler" Schüler zu sein. Um nicht auf Anhieb erkannt zu werden, führt Pfeiffer sein Projekt in der ländlichen Provinz durch.

Als Oberprimaner verkleidet steht er dann auf dem großen Schulhof eines Jungengymnasiums und folgt den Schülern langsam, als diese, durch das Läuten der Schulglocke aufgeschreckt, in das Schulgebäude hineinstürmen. Pfeiffer beobachtet das schulische Treiben – wie zuvor auf dem Schulhof – auch im Klassenzimmer. Schon in der ersten Stunde eckt er mit dem Lehrkörper, in diesem Fall Professor Crey, an. Dieser fragt ihn nach der Schreibweise seines Namens – mit ein oder zwei F? – woraufhin Pfeiffer antwortet: „Mit drei F, eins vor dem ei, zwei hinter dem ei." Crey hält ihm daraufhin eine Predigt über die Schule als Institution. Am Ende seines Schultages wird Pfeiffer zu Direktor Knauer gebeten. Dieser möchte, dass Pfeiffer sich eine neue Unterkunft sucht, da ein Wirtshaus, in dem Pfeiffer bis dahin gewohnt hat, nicht das Richtige für einen Schüler sei. Pfeiffer wird schließlich bei einer älteren Dame untergebracht. Unterdessen hat Marion, die Verlobte Pfeiffers, in dessen Haus in Berlin festgestellt, dass ihr Verlobter ohne sie verreist ist und versucht voller Empörung herauszufinden, was dies zu bedeuten hat.

Am nächsten Morgen kündigt Pfeiffer „neue" Streiche an und lässt sich unter anderem aus dem Musikunterricht ausschließen. Auf dem Flur begegnet er das erste Mal der Tochter des Direktors, die ihn jedoch nicht beachtet. Zu neuen Schandtaten bereit, spielen die Schüler in der Unterrichtsstunde von Professor Crey, als seien sie von dem Schluck Heidelbeerwein angetrunken, den ihnen der Professor verabreicht hat. Während die Schüler über die alkoholische Gärung faseln und Professor Crey fassungslos seinen Heidelbeerwein untersucht, betritt der Direktor das Klassenzimmer und schickt die Schüler voller Entsetzen nach Hause. Um Professor Crey nicht zu Unrecht schlecht dastehen zu lassen gibt Pfeiffer zu, die Schüler zu diesem Streich angestiftet zu haben und erhält dafür Arrest.

Marion hat Pfeiffer inzwischen im Gymnasium aufgespürt und sucht anschließend seine Pension auf. Dort trifft sie auf zwei Klassenkammeraden Pfeiffers. Als dieser hinzukommt, schickt er die beiden aus dem Zimmer und versucht die Situation aufzuklären, dabei macht er ihr klar, dass er sich in seiner Verkleidung als Schüler sehr wohl fühle. Dennoch kann ihn Marion über Nacht davon überzeugen, dass er mit nach Berlin zurückfährt. Als die beiden abreisen kommen sie dann jedoch an Pfeiffers Gymnasium vorbei, woraufhin dieser beschließt, zu bleiben und Marion allein fahren lässt. Am Nachmittag trifft er sich dann mit Eva, der Tochter des Direktors, mit der er inzwischen angebandelt hat, und will sie über seine tatsächliche Identität aufklären. Eva hält dies jedoch für eine Lüge und weist Pfeiffer, der tiefere Gefühle für sie hegt und sie heiraten will, ab. Betrübt plant er seine „Abschiedsvorstellung" für den nächsten Schultag, nach der er wieder nach Berlin zurückkehren will.

Am nächsten Tag lässt Pfeiffer die Oberprima des Mädchengymnasiums zum gemeinschaftlichen Unterricht in die Klasse holen und verkleidet sich selbst als Professor Crey, der an diesem Tag aufgrund von Pfeiffer am Vortag verstellter Uhren zu spät in die Schule kommt. Als Pfeiffer gerade die gesamte Klassengemeinschaft unterhält, betritt der zu Besuch gekommene Oberschulrat den Klassenraum. Vom Direktor ermutigt spielt Pfeiffer weiter seine Rolle als Professor Crey und begeistert den Oberschulrat von seinem Unterricht. Als dann der wirkliche Professor in der Tür steht ist der Oberschulrat zunächst verwirrt, überlässt die Klärung der Situation jedoch dem Schulleiter. Pfeiffer, der nun seinen Rausschmiss erwartet, ist verblüfft, als der Direktor ihn nicht von der

Schule verweisen will. Denn dieser hatte Pfeiffer sein Wort gegeben ihm keine Verweisung auszusprechen, wenn er dem Oberschulrat etwas vorspiele. Doch da Pfeiffer sein Abiturzeugnis schon Jahre zuvor bestanden hatte, gibt er sich als Dr. Johannes Pfeiffer zu erkennen und beweist seine Identität. So kann Pfeiffer nun schließlich doch noch Evas Herz erobern, woraufhin sich beide in die Arme fallen. In der Schlusseinstellung wird am Ende deutlich, dass die ganze Geschichte nur eine Erfindung des Schriftstellers Pfeiffer ist und dessen literarischem Geist entsprungen.

4.2 Historisch-gesellschaftliche Einordnung

Die Feuerzangenbowle geht auf den gleichnamigen Roman von Heinrich Spoerl zurück. Dieser erschien 1934 und gab schon damals Anlass für einen Film. *So ein Flegel* kam einige Monate später in die Kinos – auch hier mit Heinz Rühmann in der Hauptrolle. Doch im Unterschied zu der populäreren Fassung von 1944 besitzt *So ein Flegel* einen anderen Schwerpunkt, der eher dem Roman entspricht. Zwei von Heinz Rühmann verkörperte Individuen stehen hier im Mittelpunkt und nicht die Schülerstreiche der Oberprimaner. Einige Jahre später wurde Rühmann erneut auf den Stoff der Feuerzangenbowle gestoßen. „Freunde hatten mich auf den Rechtsanwalt Spoerl aus Düsseldorf aufmerksam gemacht, der heitere Geschichten schriebe, voller Einfälle stecke und dessen Figuren wie auf mich gemünzt seien" [RÜHMANN 1982, 150]. Doch Rühmann war dem gegenüber skeptisch, was Spoerl ihm anbot. Ein zweites Mal den Pfeiffer der Feuerzangenbowle zu spielen, kam ihm nicht in den Sinn. „Ich hielt mich mit meinen einundvierzig Jahren für zu alt, um noch glaubhaft einen Primaner darstellen zu können. Erst Testaufnahmen unseres Kameramanns Ewald Daub überzeugten mich" [RÜHMANN 1982, 157]. Von Mitte März bis Ende Juni 1943 drehte Rühmann nun also doch noch *Die Feuerzangenbowle* in Babelsberg. Doch kaum hatte Rühmann den Film fertig gestellt und war schon mit einem neuen Film beschäftigt, kam aus Berlin die Hiobsbotschaft, Reichsminister Rust

– zuständig für Wissenschaft, Erziehung und Volksbildung – habe die Aufführung des Films verboten. Grund hierfür sei die Verächtlichmachung des Lehrerberufs. Walter Tießler brachte die Bedenken gegen den Film für Goebbels zu Papier: „Unter den jetzigen Umständen würde ein derartiger Film auf die Schulerziehung geradezu verheerend wirken, wenn man bedenkt, daß ja zum größten Teil nur die älteren Lehrer in der Heimat geblieben sind.[…] Die ordnungsgemäße Schulerziehung ist heute durch den Lehrermangel an sich schon erschwert. Ein solcher Film aber würde die Autorität der Schule und der Lehrer geradezu gefährden" [GÖRTZ 2001, 241f.]. Um *Die Feuerzangenbowle* doch noch in den Kinos zeigen zu können, nahm Heinz Rühmann Kontakt zu Hermann Göring auf. Dieser beorderte ihn direkt ins Führerhauptquartier nach Ostpreußen. Mit seinen Filmrollen im Gepäck reiste Rühmann also zur Wolfsschanze. Dort verbrachte er zwei Tage im Gästehaus, ohne etwas von seinem Film zu hören. Am Morgen des dritten Tages kam dann die Erlösung. „Göring hätte beim Frührapport berichtet und auch erzählt, daß der Film verboten sei. Warum wüßte er nicht, gestern hätten jedenfalls alle schallend gelacht. Darauf Hitler: ‚Ist er wirklich so komisch?' Göring: ‚Wir haben uns auf die Schenkel geschlagen!' Hitler: ‚Dann soll er sofort anlaufen!'" [RÜHMANN 1982, 154]. Sein Einsatz hatte sich gelohnt. Goebbels notierte sich daraufhin am 25. Januar 1944 in sein Tagebuch: „Der neue Rühmann-Film ‚Feuerzangenbowle' soll unbedingt aufgeführt werden. Der Führer gibt mir den Auftrag, mich nicht durch Einsprüche von Lehrerseite oder von Seiten des Erziehungsministeriums einschüchtern zu lassen" [GÖRTZ 2001, 242]. Drei Tage später hatte *Die Feuerzangenbowle* in zwei Berliner Kinos gleichzeitig Premiere. Es hagelte Proteste von Seiten der Lehrer. Doch missverstanden diese den Film völlig. Denn schon im Vorspann heißt es: „Dieser Film ist ein Loblied auf die Schule, aber es ist möglich, daß die Schule es nicht merkt." Und zeitgenössische Rezensenten schrieben Zeilen, wie sie im ‚Berliner Morgen' zu dieser Zeit zu lesen waren: „Es ist ein Film, der der Schule gewidmet ist, gerade

weil er aus dem heiteren Born der Erinnerungen an Schülerstreiche schöpft"
[GÖRTZ 2001, 242f.]. Verständlich aber ist der Aufschrei im Sinne des
Zeitgeistes schon, angesichts der „vertrottelten" Lehrkörper, wie der Film sie
zeigt. Als „unheldische, von altmodischer Väterlichkeit bestimmte Vertreter
einer vom Nationalsozialismus nicht infizierten Generation" beschreibt sie
SEEßLEN [Quelle: http://www.filmzentrale.com/rezis/feuerzangen_bowlegs.htm;
Stand: 19.09.05]. Gerade das Altmodische der Lehrer und der Schule ist es, was
den Film ausmacht. „Die Lehrer dieses Gymnasiums sind nicht nur die Männer,
die nicht im Krieg sind (weil sie zu alt, zu unmilitärisch, untauglich für das
Leben ‚draußen' sind), sondern auch Vertreter eines Humanismus, den die Nazis
als ‚Duselei' attackierten, eines Bildungsideals, das mit dem technologisch-
ideologischen Utilitarismus des Nationalsozialismus nicht zu vereinbaren war"
[ebenda]. So ist es also kein Wunder, dass der Film zunächst Empörung
entfachte und das Verbot der Aufführung ausgesprochen wurde, da er so gar
nicht mit dem Nationalsozialismus übereinstimmte. So gar nicht? SEEßLEN sieht
den Film als ein zweischneidiges Schwert. „DIE FEUERZANGENBOWLE
gehört zu jenen schizophrenen Filmen aus der Spätzeit des Nationalsozialismus,
die zugleich dem Regime dienen und über sein Ende hinausblicken wollen, die
voller offener oder unterschwelliger Nazi-Ideologeme sind, und zugleich von
einer Sehnsucht nach Frieden und Versöhnung zeugen, die sozusagen schon mit
der Verdrängung der Schuld beginnt, während sie noch geschieht" [ebenda].

In der Nacht vor der Premiere hatten 1077 englische Flugzeuge 3715 Tonnen
Bomben auf Berlin abgeworfen [RÜHMANN 1982, 157]. Der Krieg war zu dieser
Zeit bereits entschieden. Heinz Rühmanns Rolle in diesen Tagen war, die
Menschen in eine andere Welt zu versetzen. Zum besseren Überleben wollte
Rühmann verhelfen, seinen Zuschauern eine Chance bieten, dem Alltag einmal
zu entfliehen. Wahrscheinlich gerade deswegen nennt Georg SEEßLEN in seinem
Artikel zum 50. Jahrestag des Films *Die Feuerzangenbowle* ein „Meisterwerk

zeitlos heiteren Eskapismus'" [Quelle: http://www.filmzentrale.com /rezis/feuerzangenbowlegs.htm; Stand: 19.09.05].

4.3 Filmgeschichtliche Einordnung

Die Feuerzangenbowle wird dem ältesten und beliebtesten Genre des Kinos zugeordnet, der Komödie. So entstanden im Deutschland der 10er und 20er Jahre des 20. Jahrhunderts allerlei Stummfilmkomödien. Mit dem Durchbruch des Tonfilms wurden Charakter-, Situations- und Verwechslungskomödien sowie Travestiekomödien immer beliebter. Der in dieser Hausarbeit zu analysierende Film geht auf den in dieser Zeit entstandenen Geist der Komödien zurück. Doch für das künstlerische Tun der Filmschaffenden hatten die Auswirkungen des Ersten Weltkrieges und die spätere Kontrolle durch die Nationalsozialisten schwerwiegende Folgen für die Produktion der Komödien, welche nun kritische Töne vermieden. Wie dramatisch dieser Wandel war, zeigt ein Textauszug aus Reclams Sachlexikon des Films über die Komödie im Dritten Reich: „Die Komödie, ein Genre, das wie kaum ein anderes ätzende Systemkritik üben kann, wird zum ,,Durchhaltefilm'' für das kriegsgeschädigte Publikum" [KOEBNER 2002, 309]. In eben dieser unkritischen und zum Durchhalten verurteilten Zeit, Ende des Zweiten Weltkrieges, entstand *Die Feuerzangenbowle*. Das Erstaunliche daran ist, dass sich der Film auch mehr als ein halbes Jahrhundert nach seiner Entstehung noch großer Beliebtheit erfreut und seine Komik auch den heutigen Zuschauern leicht verständlich ist. Ebenfalls zu dieser Zeit entstanden sind Charles Chaplins *Der große Diktator* (1940) sowie Ernst Lubitschs *Sein oder Nichtsein* (1942).

4.4 Analyse nach LOWRYs „Fünf-Phasen-Modell"

Bereits in Kapitel 3.3 habe ich das „Fünf-Phasen-Modell", wie ich es nennen möchte, von LOWRY erläutert. Nun werde ich die Theorie auf die Praxis anwenden: Analyse des Films.

Phase 1 des LOWRYSCHEN Modells stellt die Charakterisierung der Hauptfigur da. Dies entspricht in *Die Feuerzangenbowle* dem ersten Abschnitt bis zum Szenenwechsel vom Schriftsteller Pfeiffer inmitten seiner Männerrunde in den Schüler Pfeiffer auf dem Pausenhof (00:10:44). Der Zuschauer lernt die Hauptfigur, Dr. Johannes Pfeiffer, erst in der zweiten Sequenz kennen. Dieser kommt gerade von einem Theaterstück und fährt in einer Kutsche vor. In Frack und Fliege gekleidet erscheint er in seiner Männerrunde. Als wohlhabend, erfolgreich und zur „feinen Gesellschaft" dazugehörig wird der Protagonist hier charakterisiert. Als erwachsener Mann steht er mit beiden Beinen fest auf dem Boden. Nichts an ihm lässt auf einen Streiche spielenden Schuljungen schließen, zu dem er sich alsbald verwandelt. Eher noch scheint er zunächst zurückhaltend, da er nicht zu der heiteren Gesprächsrunde, die sich über ihre Schulzeit austauscht, beitragen kann.

In der darauf folgenden Phase expositionieren sich die Konflikte der Hauptfigur im Film. Seine fehlende Männlichkeit wird hier schon in Bezug auf den Rollentausch vom gestandenen Mann zum Buben der Schülerzeit wahrnehmbar. Zuallererst lernt er eine Schule kennen, wie er sie sich nicht vorgestellt hatte. Weitgehend unbeachtet kann er sich auf dem Schulhof und in seine neue Klasse bewegen ohne, dass er als Neuling angesprochen wird. Kurz nur wird er von seinen Klassenkammeraden als neu wahrgenommen, als er verunsichert an einer Wand des Klassenzimmers steht und dem Treiben zusieht. Doch schon in der ersten Unterrichtsstunde bei Professor Crey sorgt er für allgemeine Heiterkeit und damit für die Entstehung des Schüler-Lehrer-Konflikts. Mit drei F werde Pfeiffer geschrieben, antwortet er aufmüpfig als der Professor nach der

Schreibweise seines Namens fragt. Schnauz, wie die Schüler den Professor nennen, ist jedoch nicht amüsiert und reagiert auf Pfeiffers Witz mit einer Predigt über die „Anstalt Schule". Nach der Unterrichtsstunde wird Pfeiffer zum Direktor zitiert. Dieser wünscht, dass sich Pfeiffer eine neue Unterkunft sucht, da es sich für einen Schüler nicht zieme in einem Wirtshaus zu wohnen. Daraufhin zieht Pfeiffer zu Frau Windscheidt. An dieser Stelle wird der Konflikt seiner sozialen Stellung deutlich. Nicht, dass ihn der Umzug in das spärliche Pennälerzimmer störte, doch wird hier der Unterschied zwischen dem erfolgreichen Schriftsteller und dem Schüler offensichtlich. 65 Mark in der Woche für das Zimmer könne er sich schon noch leisten, erklärt er der Vermieterin. Diese jedoch korrigiert ihn prompt und macht Pfeiffer klar, dass es sich dabei um die Monatsmiete handelt.

Schon bei der Entstehung der Idee, Pfeiffer in einen Schüler zu verwandeln, klang das Missfallen Pfeiffers Verlobten Marion an, die diese Idee wohl nicht billigen würde. Dies ist auch in der Tat der Fall, als sie feststellt, dass ihr Verlobter ohne sie verreist ist. Zu diesem Zeitpunkt ist sie sich jedoch noch nicht über das Ausmaß dessen bewusst, was das Verschwinden Pfeiffers zu bedeuten hat. Ein erster Konflikt zwischen Pfeiffer und einer Frau bahnt sich an.

Pfeiffers nächster Schultag zeigt vor allem seine Unsicherheit in Verhaltensfragen. Als erwachsener Mann, der nie die Schule besucht hat, kennt er deren Spielregeln nicht. In der ersten Stunde bei Professor Bömmel will er diesem Respekt zollen, vermutet, dass alle Schüler aufstehen und begrüßt den Professor folglich stehend, während der Rest der Klasse auf seinen Stühlen verweilt. Bömmel begrüßt die Klasse freundlich und teilt Pfeiffer mit, bei ihm müsse man zur Begrüßung nicht aufstehen. Der gegenteilige Fall ereignet sich dann jedoch schon eine Schulstunde später, als Professor Brett, einer der jüngeren Lehrer, den Raum betritt und die Schüler unverzüglich, ja fast schon militärisch, mit einem Schwung aufstehen und mit des Professors „Befehl" sich zu setzen auf ihren Bänken Platz nehmen. Pfeiffer macht dabei keine gute Figur und bewegt sich deutlich langsamer als seine Klassenkammeraden. An dieser Stelle lernt er also, wie es in der Schule zugeht. Auch die Nebentätigkeiten der Schüler sieht sich Pfeiffer in der ersten Stunde von Professor Bömmel erst einmal an. Da gibt es die einen, die während des Unterrichts Mühle spielen, andere tauschen Karten und wieder andere dösen vor sich hin. Brett hingegen ist für die Schüler eine Autoritätsfigur, für den Zuschauer eine nationalsozialistisch angehauchte. Besonders in seiner Unterredung mit Professor Bömmel auf dem Schulflur (1:24:36-1:25:56) wirbt dieser für die „neue Zeit" voller neuer Umschwünge. So gibt er Bömmel zu bedenken, dass es ja traurig wäre, „wenn eine neue Zeit nicht auch neue Methoden mit sich brächte". Worauf dieser antwortet: „Ja, ja, ihr Jungen wollt immer alles besser machen, und ihr macht es auch besser" [beide Zitate dem Film entnommen]. Brett wird so zum Sinnbild der neuen – und vor allem besseren – Zeit des Nationalsozialismus. Pfeiffer, der sich gegen Brett durchsetzen will, verhilft einem Mitschüler mittels einer Lichtreflektion von seinem Taschenspiegel an der Wandkarte zu einer Richtigen Antwort. Doch er hat keine Chance. Von Brett entdeckt, verspottet dieser ihn. Pfeiffer scheint gegen ihn hilflos zu sein.

Die dritte Phase enthält nach Lowry die Steigerung der entstandenen Konflikte und lässt ein bestimmtes Ziel des Protagonisten ersehen. Die Annäherung an dieses Ziel ist jedoch nicht ohne Rückschläge zu erreichen, so die Theorie. Pfeiffer, der sich zuvor des Musikunterrichts verweisen lassen hat, begegnet auf dem Flur Eva. Er zieht seine Pennälermütze zum Gruß, doch sie beachtet ihn nicht. Da bleibt ihm, der in Berlin eine ganze Horde Verehrerinnen besitzt, nichts anderes übrig, als der Schönen fassungslos hinterher zu schauen. An dieser Stelle deutet sich die Zielsetzung der Hauptfigur an, die Eroberung der Tochter des Direktors. Daraufhin legt er sich erneut mit dem Lehrkörper an, als er seine Klassenkammeraden dazu anstiftet im Unterricht betrunken zu spielen. Spätestens hier ist Pfeiffer nun zum Anführer der Klasse avanciert. Pfeiffer nimmt für diesen Streich jedoch alle Schuld auf sich und bekommt deshalb die Schulautorität in Form von Arrest deutlich zu Spüren. Aus einem Besuch dreier Mädchen von der höheren Töchterschule, eine von ihnen Eva, entsteht mit selbiger später eine Verabredung. Indem er nun Eva umwirbt, scheint er seiner Zielsetzung näher zu kommen. Marion ist inzwischen aus Berlin angereist, um Pfeiffer zur Vernunft und damit zurück nach Hause zu bringen. Pfeiffer jedoch erklärt ihr, dass er sich in seiner Rolle derzeit „sauwohl" fühle [00:65:28]. Bis zum nächsten Morgen hat Marion ihren Verlobten aber scheinbar überzeugt, mit ihr nach Berlin zurückzukehren. Die beiden sind auf dem Weg zum Bahnhof, als Pfeiffer es sich schließlich doch anders überlegt.

Die vorletzte Phase beschreibt die Wandlung der Hauptfigur hin zu einem „guten" Charakter. Pfeiffer geht diesen Weg, indem er Eva über seine Identität aufklären will. Bei einem Spaziergang macht er ihr einen Heiratsantrag und versucht ihr behutsam die Wahrheit zu offenbaren. Doch Eva glaubt ihm kein Wort. Sie hält seine Ausführungen für Hirngespinste, die Pfeiffer erfindet, um aufzuschneiden. Hier erleidet der Protagonist einen letzten herben Rückschlag. Sein Ziel scheint in weite Ferne zu rücken. Voller Frust geladen beschließt Pfeiffer nach Berlin zurückzukehren und plant seine „Abschiedsvorstellung" für den kommenden Tag. Dort imitiert er dann Professor Crey in einem geschlechtergemischten Unterricht und wird dabei unerwarteter Weise vom Oberschulrat begutachtet. In Erwartung daraufhin, von Direktor Knauer der Schule verwiesen zu werden erlebt Pfeiffer eine Überraschung. Knauer will Pfeiffer nicht vom Schulunterricht ausschließen, da dieser ihn vor einer peinlichen Situation bewahrt hat. Da Pfeiffer aber gerade dies mit seinem Verhalten bezwecken wollte, um in sein ursprüngliches Leben als Schriftsteller zurückzukehren, enttarnt er sich und beweist seine Identität vor den Lehrern, seiner Klasse und Eva. Eva fällt ihm um den Hals und will mit ihm ihr Leben verbringen. Damit ist die fünfte Phase erreicht. Pfeiffer hat sich für Eva und die Wirklichkeit entschlossen. Die zu Anfang formulierte Zielvorstellung ist schließlich doch noch in Erfüllung gegangen. Somit sind auch die Anerkennung der Lehrerautorität und die Rückkehr in das wirkliche Leben perfekt.

5. Interpretation und Fazit

Heinz Rühmann – ein Star, der seinesgleichen sucht. Über 50 Jahre hinweg konnte er sich, trotz des einen oder anderen Rückschlags, immer wieder dem Strömen seiner Zuschauer in Theater und Kino sicher sein. Obwohl er, wie in Kapitel 2 dargestellt, nicht ganz unbelastet aus der Zeit des Dritten Reiches hervorging, konnte er jedoch auch nach Ende des Zweiten Weltkrieges seine Karriere fortsetzen. Besonders spricht dabei die private Nähe zum Propagandaminister Joseph Goebbels gegen ihn. Doch ist zu vermuten, dass ohne dessen Wohlwollen dem Schauspieler sicherlich ein weniger fulminanter Karrierestart beschieden worden wäre. Allein die Tatsache, dass Rühmann zur Machtergreifung der Nationalsozialisten mit einer Jüdin verheiratet war und sich lange nicht scheiden ließ, wäre so manch anderem ein größeres Hindernis gewesen. Doch seine Beliebtheit verschaffte ihm auch seine Sondergenehmigung für den Filmdreh, die für ihn bis zu seiner Scheidung von Maria Rühmann lebensnotwendig war.

Heinz Rühmann, so scheint es, hat zur damaligen Zeit immer wieder versucht, sich mit der herrschenden Politik zu arrangieren. Vielleicht machte gerade dies ihn so beliebt: dass er weder auf der einen noch auf der anderen Seite stand und, wie die meisten Deutschen, nur versuchte, so gut es ging zu überleben. Dabei unterschied ihn von den übrigen seiner Landsleute nur, dass er sich weniger Sorgen um seine finanzielle Situation machen musste. Die Zuschauer, die den Schauspieler als „beliebt" klassifizieren, agieren jedoch immer mit dem Image der Person, nie mit der Person selbst. Somit untersuchte ich einen bei den Zuschauern beliebtesten Film, *Die Feuerzangenbowle*, auf das Image Heinz Rühmanns hin. Sicherlich konnte hier nur ein Teil seines Images untersucht werden, doch kehrt die von LOWRY benannte Image-Kategorie ‚Erziehung zur

Autorität' in einer Reihe von Filmen Rühmanns wieder. So unter anderen in *Quax, der Bruchpilot* (1941) und *Keine Angst vor großen Tieren* (1953).

Nun wollen wir aber noch einmal auf den untersuchten Film zurückkommen. Die eingehende Betrachtung von *Die Feuerzangenbowle* hat ergeben, dass sich der Film in die Kategorie ,Erziehung zur Autorität' eingliedern lässt. Wie in Abbildung 6[120] dargestellt, konnten alle fünf Phasen nachgewiesen werden. Der Schriftsteller Dr. Johannes Pfeiffer erlernt, indem er sich in den Primaner Pfeiffer verwandelt, dass er sich in die Gemeinschaft von Schule und Gesellschaft einordnen muss, um in ihr zu bestehen. Dabei stelle ich fest, dass die in Phase 3 des LOWRYschen Modells zu erleidenden Rückschläge der Hauptfigur eher schwach ausgeprägt sind. Pfeiffer, erleidet lediglich einen „Dämpfer" in Form des Lehrers Brett, der innerhalb der Filmes schon eine besondere Stellung einnimmt, sowie in der Zurückweisung durch Eva, die ihm zunächst keinen Glauben schenkt, als Pfeiffer ihr seine wirkliche Identität offenbart. In den konfliktgeladenen Situationen scheint Pfeiffer jedoch überwiegend Herr der Lage zu sein und das weitere Geschehen zu lenken. So beispielsweise auch nach dem Himbeerwein-Streich bei Professor Crey, als er sich selbst und unverzüglich dem Direktor des Gymnasiums stellt.

<u>Abb. 6:</u> Das „Fünf-Phasen-Modell" anhand von *Die Feuerzangenbowle*

Phasen	Inhalt
1. Phase	Vorstellung der Ambivalenz des Hauptdarstellers (Schriftsteller – Schüler)
2. Phase	Exposition der Konflikte; Eva vs. Marion, soziale Stellung als Schüler vs. soziale Stellung als erfolgreicher

---

[120] Siehe S. 19

	Schriftsteller, Autoritätenkonflikt zwischen dem Schüler Pfeiffer und den Lehrern
3. Phase	Steigerung der Konflikte: das Ziel, die Eroberung Evas, wird deutlich, weitere Entwicklung der oben genannten Konflikte und Rückschläge in Form von Lehrer Brett und Evas Zurückweisung
4. Phase	Wandlung der Figur: Pfeiffer erkennt die Autorität der Lehrer an und will in sein ursprüngliches Leben zurückkehren
5. Phase	Eva will Pfeiffer heiraten, sein Ziel wurde erreicht

Quelle: Eigene Darstellung

Die Beliebtheit der Rühmann-Filme in der Zeit des Nationalsozialismus rührt vermutlich daher, dass sie eben gerade nicht von dem handelten, was die Zuschauer tagtäglich miterlebten, nicht von Krieg und Armut, die sie selbst spürten. Sie versetzten den Zuschauer in eine andere Welt. So vermittelt *Die Feuerzangenbowle* „eine Strategie des Vergessens, der sich niemand vollständig entziehen kann; sie entfernt von der historischen Wirklichkeit ebenso wie von den wirklichen Erfahrungen der Institution Schule, wie von dem Ärger, den wir heute morgen im Büro hatten".

[Quelle: http://www.filmzentrale.com/rezis/feuerzangenbowlegs.htm; Stand: 19.09.05].

Bei einer an diese Hausarbeit anschließenden Untersuchung wäre es interessant herauszufinden, wie einzelne Figuren oder Figurenkonstellationen im Kontext des Nationalsozialismus zu verstehen sind. So beispielsweise die Figur des Lehrers Brett oder die Tatsache, dass die Hauptfigur Johannes Pfeiffer am Ende, statt der älteren, emanzipierten Dame Marion, das naive, etliche Jahre jüngere Schulmädchen Eva heiratet. Damit wird Erstere, welche die einzig wirklich unsympathische Figur des Filmes darstellt, erheblich abgewertet.

Alles in allem bleibt jedoch zu sagen, dass – trotz weit verbreiteter Beliebtheit – der Film *Die Feuerzangenbowle* bei genauerer Betrachtung sicherlich nicht unproblematisch ist. Schon die Tatsache, dass er in einer Zeit der scharfen Filmpolitik der Nationalsozialisten entstanden ist, zwingt den Rezipienten zu einer eingehenden Beschäftigung mit dem Filmmaterial. Georg SEEßLEN fast es präzise zusammen: „ DIE FEUERZANGENBOWLE ist weder ein „guter" noch ein „böser" Film, er ist, leider, auch kein unschuldiger" [Quelle: http://www.filmzentrale.com/ rezis/feuerzangenbowlegs.htm; Stand: 19.09.05].

Literaturverzeichnis

GÖRTZ, Franz Josef / Hans SARKOWICZ (2001): Heinz Rühmann 1902-1994. Der Schauspieler und sein Jahrhundert. München: C.H. Beck oHG. S. 129-248.

LOWRY, Stephan / Helmut KORTE (2000): Der Filmstar. Brigitte Bardot, James Dean, Götz George, Heinz Rühmann, Romy Schneider, Hanna Schygulla und neuere Stars. Stuttgart: J.B. Metzlersche Verlagsbuchhandlung und Carl Ernst Poeschel Verlag GmbH. S. 5-28 und S. 30-63.

KOEBNER, Thomas -Hrsg.- (2002): Reclams Sachlexikon des Films. Stuttgart: Philipp Reclam jun. GmbH & Co. S. 306-312.

PEIPP, Matthias / Bernard SPRINGER (Hrsg.) (1994): Ich bin ein Anhänger der Stille. Ein Gespräch mit Heinz Rühmann. München: belleville Verlag. S. 24-33.

PROST, Hans-Ulrich (1994): Das war Heinz Rühmann. Bergisch Gladbach: Gustav Lübbe Verlag GmbH. S. 61-101.

RÜHMANN, Heinz (1982): Das war's. Erinnerungen. Frankfurt am Main: Verlag Ullstein GmbH. S. 129-174.

URLs:

http://www.filmzentrale.com/rezis/feuerzangenbowlegs.htm [Stand: 19.09.05][121]

Abbildungsverzeichnis

Abb. 1: Heinz Rühmann, S. 67.

Abb. 2: Heinz Rühmann mit Sammelbüchse bei Adolf Hitler, rechts Adjutant Julius Schaub, S. 68.

Abb. 3: Das „Fünf-Phasen-Modell" nach LOWRY, S. 75.

---

[121] Siehe Anhang

Abb. 4: Verlauf der neuen Charakterbildung des Protagonisten, S. 75.

Abb. 5: Männerrunde mit Feuerzangenbowle, S. 76.

Abb. 6: Das „Fünf-Phasen-Modell" anhand von Die Feuerzangenbowle, S. 88.

Anhang

Die Feuerzangenbowle

Uraufgeführt vor 50 Jahren: Die Feuerzangenbowle (aus: epd Film 3/94)

DIE FEUERZANGENBOWLE, am 28. Februar 1944 in Berlin uraufgeführt, wurde zum Lieblingsfilm mehrerer Generationen. Der Film wird von Taurus als Kaufkassette angeboten.

Der Krieg war verloren, die Städte lagen in Trümmern, die materielle und moralische Katastrophe war offenkundig, als ein Film entstand, der noch heute als kleines Meisterwerk zeitlos heiteren Eskapismus' gilt, des idealen, unschuldigen kleinen Deutschen Heinz Rühmann „liebstes Werk" und ein Amüsement noch für die Generation des Wirtschaftswunders und darüber hinaus. Schon die Vorlage, Heinrich Spoerls Roman „Die Feuerzangenbowle", gehört zu den mehr oder weniger unsterblichen Werken der deutschen Unterhaltungsliteratur. Er führt an einen Lieblingsort der deutschen Seele, in die Schule, wo man gebildet und zerstört wird, die schönsten und die verzweifeltsten Jahres des Lebens verbringt, und es schildert sie als einen Ort des freundlichen, nostalgischen Wahns. Aber diese Vorlage erklärt keineswegs den anhaltenden Erfolg des Filmes. Heinz Rühmann hatte die Rolle des Schriftstellers, der seine Schulzeit an einem deutschen Kleinstadtgymnasium nachholt, schon einmal, 1934, in einer nur mäßig erfolgreichen Version von Robert A. Stemmle unter dem Titel SO EIN FLEGEL gespielt, und eine bundesrepublikanische Neuverfilmung erwies sich als künstlerische und ökonomische Katastrophe.

Helmut Weiß' DIE FEUERZANGENBOWLE aus dem Jahr 1944 bleibt das unübertreffliche Original eines deutschen Kultfilms. Und wie es bei Kultfilmen so der Fall zu sein pflegt, kam er weniger durch eine enorme ästhetische Anstrengung zustande, als vielmehr durch eine scheinbar zufällige Verdichtung des Zeitgeistes. Nicht von ungefähr stammt der Film von einem Regisseur, dessen großes Verdienst es wohl war, den Schauspielern nicht im Weg zu stehen, und der ansonsten nur belanglosen Unfug drehte.

Es geht um den jungen Schriftsteller Johannes Pfeiffer, der von einem privaten Lehrer erzogen wurde und daher die Freuden des Schülerlebens nie aus eigener Anschauung kennenlernte. „Der arme Pfeiffer", sagen die älteren Herren bei einer Feuerzangenbowle, bei der man gerührt und amüsiert Erinnerungen an Schülerstreiche austauscht, „er hat den besten Teil seiner Jugend verpaßt." So faßt man den Entschluß, ihn als Pennäler in die Oberprima eines Kleinstadtgymnasiums einzuschleusen. Hier darf er in steter Auseinandersetzung mit kauzig-komischen Lehrern seinen Nachholbedarf an Streichen, an Pennälervergnügungen und an komischen Imitationen befriedigen. Der unzeitgemäße Klassenclown bekommt am Ende, zur Belohnung für die Rückkehr in die Wirklichkeit, noch die Tochter des Direktors zur Braut.

Das seltsame Glück dieses Films steckt in der vollständigen Rückkehr des Helden in eine unschuldige Kindheit. Stellvertretend für sein Publikum unternimmt er den Rückzug aus der Wirklichkeit, indem er noch einmal jenen magischen Ort aufsucht, an dem alles noch einmal beginnen und sich vielleicht ganz anders entwickeln könnte. Die Lehrer der FEUERZANGENBOWLE sind unheldische, von altmodischer Väterlichkeit bestimmte Vertreter einer vom Nationalsozialismus nicht infizierten Generation. Das Thema des Filmes ist nicht, wie das späterer Pennäler-Filme, die„ Modernisierung" der Schule, sondern gerade das Vergnügen an ihrer Altmodischkeit. Aber diese ist zugleich einem umfassenden Spott ausgesetzt: die Lehrer dieses Gymnasiums sind nicht nur die Männer, die nicht im Krieg sind (weil sie zu alt, zu unmilitärisch, untauglich für das Leben „draußen"), sondern auch Vertreter eines Humanismus, den die Nazis als „Duselei" attackierten, eines Bildungsideals, das mit dem technologisch-ideologischen Utilitarismus des Nationalsozialismus nicht zu vereinbaren war und auch in der Zeit des Wirtschaftswunders nicht wieder errichtet wurde. Der Pennäler, der seine Jugend nachholt, greift also Autoritäten an, die keine sind, er stellt Dinge an, die spektakulär und „anti-autoritär" erscheinen, sich aber im Nachhinein als harmlos erweisen und die, vor allem, nicht bestraft werden.

So entsteht ein geradezu perfektes System der Ambivalenz, ein Spiel mit dem Sowohl-als-auch. Die komischen Lehrer des Kleinstadtgymnasiums werden zugleich verspottet und geliebt. Sie sind Vertreter einer verlorenen Individualität; jeder zelebriert seine gestischen, logischen und vor allem sprachlichen Macken mit einer Reinheit, die sozusagen bereits die vorweggenommene Parodie ist. Das „Sätzen Se säch" des „Schnauz" weist ebenso auf verbale Prätention wie auf eine verlorene Kraft der Sprachschöpfung: die Institution, in der die „richtige" Sprache erlernt werden soll, ist selbst ein sprachliches Durcheinander. Oder, anders herum, die Sprechticks der komischen Lehrer sind immer kurz davor, in so etwas wie konkrete Poesie umzukippen; man kann die FEUERZANGENBOWLE so gut mit Arno Schmidt wie mit Ernst Jandl lesen. Auch Brömmels berühmte physikalische Erklärung ist in sich sehr ambivalent: „Wat is en Dampfmaschin? Da stelle mer uns janz dumm. Und da sage mer so: En Dampfmaschin, dat is ene jroße, schwarze Raum, der hat hinten und vorn e Loch, dat eine Loch, dat ist de Feuerung. Und dat annere Loch, dat krieje mer später." Einmal abgesehen von der sozusagen abstrakten Obszönität und der Pointe der aufgeschobenen Information, weist diese Passage gerade durch die technische Unbeholfenheit noch einmal auf die altmodische Unwirklichkeit dieser Schule. Der formalistische Witz und die Manie der Sprache („Pfeiffer mit drei f - eines vor und zwei hinter dem ei") scheinen selbst einer Taktik poetisch-infantiler Entwirklichung zu entsprechen.

In der FEUERZANGENBOWLE kehren jene bürgerlichen, zivilen Väter zurück, die der Nationalsozialismus vertrieben, ersetzt oder verwandelt hatte, und in der scheinbar so rebellischen, manchmal gar ein wenig sadistischen Geste des um seine Jugend betrogenen Sohnes Rühmann steckt, viel tiefer, auch der Wunsch nach Versöhnung. Sie wird recht „mythisch" am Ende besiegelt durch die Heirat des Helden mit der Tochter des Direktors, der nicht zufällig „Zeus" genannt wird und genau wie der „Göttervater" aussieht. Aber auch in der Liebesgeschichte des Films zeigt sich seine Ambivalenz; der Unterprimanerin Eva, so blond, so ernsthaft, so dem Ideal der Zeit entsprechend, steht Pfeiffers Verlobte Marion gegenüber, großstädtisch und selbstbewußt, eine Karikatur der „neuen" Frau, die droht, Pfeiffers kontrollierten Rückfall in die Jugend auffliegen zu lassen. Sie ist die einzig wirklich „böse" Gestalt des Films.

DIE FEUERZANGENBOWLE gehört zu jenen schizophrenen Filmen aus der Spätzeit des Nationalsozialismus, die zugleich dem Regime dienen und über sein Ende hinausblicken wollen, die voller offener oder unterschwelliger Nazi-Ideologeme sind, und zugleich von einer Sehnsucht nach Frieden und Versöhnung zeugen, die sozusagen schon mit der Verdrängung der Schuld beginnt, während sie noch geschieht.

Zunächst bestand die Gefahr, daß der Film wegen der Verächtlichmachung des Lehrerstands vom Reichsminister für Wissenschaft, Erziehung und Volksbildung Rust verboten würde, schließlich sei es ohnehin schon schwer genug, noch Männer für den Schuldienst zu finden. Heinz Rühmann, so eine der dramatischeren Erzählungen unserer Filmgeschichte, nahm eine Rolle des Films unter den Arm und sprach selbst im „Führerhauptquartier" vor, um ein Verbot zu verhindern. Hermann Göring schließlich sorgte für die Freigabe. Und dabei begegnete der Schauspieler zum zweiten Mal in seinem Leben dem „Führer"; ein müder, kranker Mann sei das damals schon gewesen, der da mit dem Schäferhund im innersten Kreis des innersten Kreises seiner einsamen Wege ging. Endzeit und Entertainment.

Merkwürdigerweise schwindet beim Ansehen des Filmes jene kritische Distanz denn doch immer wieder, die uns bei anderen scheinbar unpolitischen Filmen der Nazizeit leichter fällt. Das liegt zum einen wohl an der ungeheuren Präsenz des Hauptdarstellers, dem sein enger Freund Heinrich Spoerl das Drehbuch „auf den Leib" schrieb; der kollektive Traum von der Rückkehr in die Kindheit ist ganz direkt auch der Traum des Heinz Rühmann. Die nach wie vor bezaubernden komischen Miniaturen der kongenialen Darsteller der Lehrer, Erich Ponto, Paul Henckels, Hans Leibelt, zeugen nicht weniger von ihrem Bemühen, in ihrem Traum zu verschwinden. Bis in die Montageprinzipien hinein, bis in die Kostüme und Bauten vermittelt der Film das Glück einer emotionalen Rückwärtsbewegung, eines erlösten Verschwindens. Die Authentizität des Films besteht darin, daß seine Flucht vor der Realität ganz und gar echt ist. Er vermittelt eine Strategie des Vergessens, der sich niemand vollständig entziehen kann; sie entfernt von der historischen Wirklichkeit ebenso wie von den wirklichen Erfahrungen der Institution Schule, wie von dem Ärger, den wir heute morgen im Büro hatten. Und er erzählt nicht im Irrealis eines „Lümmel"-Filmes, sondern, ein wenig, im poetischen Irrealis einer „Alice hinter den Spiegeln".

Am Ende des Films erweist sich die ganze Geschichte als bloße Erfindung des Schriftstellers Pfeiffer; in seiner letzten Wendung nimmt der Film also noch einmal seine bescheidenen Versprechungen zurück. Und der Held spricht noch von den „Träumen", mit denen wir uns zu „bescheiden" hätten, bevor er uns in die Schizophrenie der Welt entläßt, die nur in ihren Fiktionen zu ertragen ist. DIE FEUERZANGENBOWLE ist weder ein „guter" noch ein „böser" Film, er ist, leider, auch kein unschuldiger.

Georg Seeßlen

Diese Kritik ist zuerst erschienen in: **epd film** 3/94

Quelle: http://www.filmzentrale.com/rezis/feuerzangenbowlegs.htm

[Stand: 19.09.05]

Heiter oder ideologisch? Der Unterhaltungsfilm im Nationalsozialismus am Beispiel der „Feuerzangenbowle"

Katrin Polter

2006

1. Einleitung

Ein unpolitischer Film im NS-Filmwesen?! – Der Film als eine Verstrickung von Politik, Propaganda und Kunst. Diese Verflechtung möchte ich im ersten Teil meiner Arbeit aufzeigen, indem ich einen kurzen Überblick über filmpolitische Maßnahmen und Institutionen gebe, die zur Verstaatlichung und Gleichschaltung des Filmwesens beitrugen. Da die Nationalsozialisten die Wirksamkeit und Möglichkeiten des Films als effektive Propagandamittel erkannten, wurde dieser systematisch gefördert, weiterentwickelt und zielorientiert eingesetzt. So wurde auch der Unterhaltungsfilm besonders für die Vermittlung von latenten und versteckten Ideologien „missbraucht". Das Publikum sollte nicht auch noch im Kino mit offensichtlicher Agitation konfrontiert, sondern unterhalten und abgelenkt werden, um die Begeisterungs- und Aufnahmefähigkeit für Propaganda zu behalten. Durch den Appell an die Emotionen der Rezipienten, die Darstellung einer „heilen Welt" und die Nutzung einer Identifikationswirkung (mit den Filmstars) konnten die Wertvorstellungen und regimestabilisierenden Inhalte im Film untergebracht werden.

Neben anderen bekannten Unterhaltungsfilmen war auch „Die Feuerzangenbowle" ein Produkt des Filmwesens im Dritten Reich. Sie war die erfolgreichste Filmkomödie zu dieser Zeit. Noch heute wird der Film immer wieder vorgeführt und eingeschworene Fans lassen sogar Heinz-Rühmann-Gedenkfeiern und Feuerzangenbowle-Partys veranstalten.

Aber kann denn unter den Entstehungsumständen dieser Film unpolitisch produziert worden sein? Mit diesem Aspekt werde ich mich im zweiten Teil meiner Arbeit beschäftigen und werde versuchen, meinen Standpunkt, dass die Unterhaltungsfilme mit versteckter Propaganda beladen sind, darzulegen. Ich werde im Speziellen „Die Feuerzangenbowle" daraufhin untersuchen und meine

Thesen durch ausgewählte Beispiele und Filmstellen untermauern, wobei ich auch einige Thesen der Gegenseite beachten möchte.

2. Organisation und Institutionen des NS-Filmwesen

2.1 Volksaufklärung, Reichskulturkammer, Reichsfilmkammer

Im Dritten Reich wurde ein Organisationssystem (wie in so vielen Bereichen) auch für das deutsche Filmwesen aufgebaut, das „dem Staat eine absolute ideologische Kontrolle über das Kino garantierte."[122]

Mit der Gründung des Reichsministeriums für Volksaufklärung und Propaganda (im folgenden RMVP) am 13. März 1933 wurde die erste Institution der Gleichschaltung der Kultur- und Medienlandschaft geschaffen, deren Leitung Dr. Joseph Goebbels als Minister übernahm. Somit unterstanden ihm alle Einrichtungen, die für die Kontrolle des Filmwesens verantwortlich waren:

> „1. Die Filmabteilung seines Ministeriums; 2. die Reichsfilmkammer, deren Präsident ihm unterstand; 3. der Reichsbeauftragte für die deutsche Filmwirtschaft, der an seine Weisungen gebunden war; 4. der Reichsfilmintendant, dessen Dienstvorgesetzter er war."[123]

In der Position des Ministers des RMVP wurden Goebbels durch eine Verordnung vom 30. Juni 1933 „alle Aufgaben der geistigen Einwirkung auf die Nation, [die] Werbung für Staat, Kultur und Wirtschaft, [die] Unterrichtung der in- und ausländischen Öffentlichkeit über sie und [die] Verwaltung aller diesem Zweck dienenden Einrichtungen"[124] übertragen.

Das RMVP umfasste verschiedene Ressorts, unter denen die Abteilung V für den Film zuständig war. Über diesen Bereich konnte Goebbels „die Propagandabüros der Gaue, Filmzensur und-genehmigungen, Preise und

---

[122] Courtade/ Cadars (1975), S. 21.
[123] Winkler-Mayerhöfer (1995), S. 86.
[124] Courtade/ Cadars (1975), S. 22.

Auszeichnungen, die Wochenschau und den Filmexport kontrollier[en]."[125] Die grundlegendsten Aufgaben lagen in der „geistigen Mobilmachung". Den zuständigen Mitarbeitern oblag das Vorschlagen von Themen und Ideen, das In-Auftrag-Geben von Drehbüchern und das Unterbinden von Projekten, die „Fehler im Geschmack" aufwiesen oder „künstlerische[n] Irrtümer[n]"[126] unterlagen. Besonders wichtige Filme wurden durch dem Ministerium zur Verfügung stehende Mittel unterstützt.

 Am 1. Juni 1933 wurde die Filmkredit-Bank gegründet, da sich die Filmproduktion in einer wirtschaftlichen Krise befand. Diesen erheblichen Rückgang der Filmwirtschaft sollten die Juden (nach nationalsozialistischer Propaganda) verursacht haben, da ihnen der überwiegende Teil der gesamten Produktions- und Verleihfirmen gehörten.[127] Mit der Gründung der Bank sollte eine notwendige Erneuerung und Impulsgabe für die Filmproduktion herbeigeführt werden und den wichtigsten Grundstein für die Festigung der gesamten Filmwirtschaft legen. Die Reichsfilmkammer war bis 1945 ein „mittelbarer Besitz des Reiches und somit abhängig von den politischen Machthabern [...]."[128] Neben der finanziellen Absicherung der Filmwirtschaft bestand die Hauptaufgabe der Filmkredit-Bank in der „politischen Überwachung und Lenkung."[129] Dies wurde durch die kleinen und mittelständischen Produktionsfirmen, die wenig Eigenkapital aufweisen konnten und dadurch auf die Bank als Kreditgeber angewiesen waren, begünstigt.

---

[125] Donner (1995), S. 61.
[126] Courtade/ Cadars (1975), S. 23.
[127] vgl. Bredow/ Zurek (1975), S. 139.
[128] Winkler-Mayerhöfer (1995), S. 82.
[129] Ebd.

„Die Bank übernahm keine 100%ige Finanzierung der Filme. In der ersten Zeit ihres Bestehens stellte sie Kredite bis zu 70% der Herstellungskosten zur Verfügung und zwar gegen Wechsel der Produzenten und Akzepte des Verleihs, die restlichen 30% waren von der Herstellungsfirma.“[130]

Die Bewilligung einer finanziellen Unterstützung „von Filmvorhaben [setzte] eine inhaltliche Anpassung an die nationalsozialistische Ideologie voraus.“[131] Ein weiterer Schritt auf dem Weg zu einem gleichgeschalteten und organisierten Kultur- und Mediensystem war die Schaffung der Reichskulturkammer (deren Präsident Dr. Joseph Goebbels war) am 22. September 1933 mit sieben Fachkammern: Schrifttum, Presse, Rundfunk, Theater, Musik, Film und bildende Künste. Sie schloss alle in kulturellen und künstlerischen Berufen und kulturwirtschaftlichen Betrieben tätigen Menschen zusammen, wobei eine Mitgliedschaft die Voraussetzung für die Berufsausübung war.[132]

Die Filmkammer, die später zur Reichsfilmkammer umgewandelt wurde und somit ein Bereich der Reichskulturkammer darstellte, wurde aufgrund einer Verordnung des Propagandaministeriums vom 6. Juni 1933 (die eine Beschäftigung von Ausländern und vor allem Juden in der Filmproduktion verbot) am 14. Juli provisorisch errichtet. Sie war z. B. für die Einrichtung von Dramaturgischen Büros und dem Filmarchiv, die Regelung der Eintrittspreise, die Regelung von Vertragsverhältnissen auf dem Gebiet der Filmwirtschaft, den Filmaußenhandel und für die internationale Zusammenarbeit verantwortlich.[133]

Neben den 1933 gegründeten Kontrollinstitutionen spielte auch das am 16. Februar 1934 verkündete Lichtspielgesetz, das schon 1920 in der Weimarer Republik existierte, eine große Rolle für die Herrschaftsetablierung im Filmwesen.

---

[130] Bredow/ Zurek (1975), S. 163.
[131] Winkler-Mayerhöfer (1995), S. 82.
[132] vgl. Donner (1997), S. 61.
[133] vgl. Courtade/ Cadars (1975), S. 25.

Durch Erneuerungen des Lichtspielgesetzes von 1920 wurde die Vorzensur eingeführt, um „zu verhindern, dass Stoffe behandelt werden, die dem Geist der Zeit zuwiderlaufen.“[135] Außerdem beinhaltete es die Ermächtigung für den Staat, die Filmwertung selbst vorzunehmen. Es gab also keine Abstimmung zur Urteilsfindung mehr, sondern der jeweils Zuständige konnte eigens die Prädikatisierung („Film der Nation“, „staatspolitisch besonders wertvoll“, „künstlerisch besonders wertvoll“, „volkstümlich wertvoll“, „jugendwert“)[136] festlegen.

 Ein weitere tiefgreifende Maßnahme im NS-Filmwesen war die Errichtung des Trusts der Ufa-Film GmbH (Ufi) am 10. Januar 1942, die sämtliche Filmfirmen zusammenfasste und über ein Stammkapital von über 65 Millionen Reichsmark verfügte, um die „Steigerung der Leistungsfähigkeit des deutschen Filmschaffens“[137] zu bewirken. Schon 1937 waren die vier größten Filmproduktionsfirmen: die Ufa, die Terra, die Tobis und die Bavaria unter staatlicher Aufsicht. Im Jahr 1939 kontrollierten sie 73% der nationalen Produktion.[138]

---

[134] Goebbels, Rede vom 9.2.1934 In: Winkler-Mayerhöfer (1995), S. 83.

[135] Lichtspielgesetz vom 16.2.1934 In: Winkler-Mayerhöfer (1995), S. 83.

[136] vgl. Donner (1997), S. 64.

[137] Erlaß des RMVP zur Steigerung der Leistungsfähigkeit des deutschen Filmschaffens vom 28.2.1942 In: Winkler- Mayerhöfer (1995), S. 85.

[138] vgl. Courtade/ Cadars (1975), S. 29.

[139] Donner (1997), S. 63.

2.2 Joseph Goebbels – Der „Propagandakünstler"

„Meine Aufgabe ist: Propaganda und Volksaufklärung. Das Gebiet der Kultur. Das liegt mir und macht mir Freude."[140]

Als Reichsminister für Volksaufklärung und Propaganda und als Chef der Reichskulturkammer entwickelte Dr. Joseph Goebbels, entsprechend den Ansichten Hitlers, „für das Volk als Zielgruppe, der es aufs Maul zu schauen gelte, ein Propagandaschema, das ihn [...] als einen entschiedenen Verfechter einer vor allem unbewusst und versteckt wirkenden Propaganda-Technik kennzeichnet."[141]

Die wesentliche Aufgabe der Propaganda war die Festigung und die Unterstützung des neuen Systems und vor allem das Verankern seiner Ideologie in den Köpfen des Volkes. Sie war staats- und machttragend, später auch kriegswichtig, da man „die Gewinnung von Menschen für die spätere Organisation...[und]...die Zersetzung des bestehenden Zustandes und die Durchsetzung dieses Zustandes mit der neuen Lehre [anstrebte]."[142] Schon die Regierungserklärung zum Ermächtigungsgesetz vom 24. März 1933 beinhaltete klare Grundsätze bezüglich der Medien: „Theater, Film, Literatur, Presse, Rundfunk, sie haben alle der Erhaltung der im Wesen unseres Volkstums liegenden Ewigkeitswerte zu dienen."[143]

Goebbels war der Meinung, dass man das Volk nicht ständig mit ihrer „politischer Werbung" konfrontieren könne, sondern deren Einsatz gut dosieren müsse.

---

[140] Goebbels In: Quanz (2000), S. 39.
[141] Winkler-Mayerhöfer (1995), S. 66.
[142] Hitler In: Winkler-Mayerhöfer (1995), S. 64.
[143] Regierungserklärung zum Ermächtigungsgesetz In: Winkler-Mayerhöfer (1995), S. 67.

„Man darf nicht immer trommeln, dann gewöhnt das Publikum sich allmählich an den Trommelnden und über- hört ihn dann. In der Propaganda ist das ähnlich. Wenn wir immer schreien und krakeelen wollten, dann würde sich die Öffentlichkeit allmählich an dieses Geschrei gewöhnen. Nein, das muß man klug dosieren."[144]

Die Indoktrination sollte ständig an die Massen gerichtet sein, wobei die Informationen so einfach wie möglich übermittelt und ständig in immer neuen Wiederholungen dargestellt werden müssen, damit es auch jeder verstehen würde, weil der Großteil des Volkes „nicht aus Diplomaten oder auch nur Staatsrechtslehrern, ja nicht einmal aus lauter vernünftig Urteilsfähigen, sondern aus ebenso schwankenden wie zu Zweifel und Unsicherheit geneigten Menschenkindern", laut Hitler, bestünde.[145] Die einzelnen Bevöl-kerungsschichten mussten jeweils auch mit unterschiedlichen Methoden angesprochen werden.[146] Dabei stand die Objektivität und die Wahrheit oft nicht im Vorder-grund, sondern die erfolgreiche Vermittlung der NS-Ideologie mit allen Mitteln, die nützlich dafür waren.

„Die nationalsozialistische Propaganda hat von Anfang an sich stets an den einfachen Mann im Volk gewandt und nicht den Versuch unternommen, den Intellektuellen zu bekehren. Dieses – den Intellektuellen in den Staat zu integrieren – könnte man dem Druck der Masse des Volkes überlassen."[147]

Nicht nur die theoretischen Aspekte, auch ein gewisser Kunstanspruch an die Propaganda gehörten zum Goebbelschen Konzept der politischen Agitation. Er betrachtete sie als eine Art Kunst, die „man beherrsche oder nicht."[148] Sie „[vereinfache] Dinge, ohne dass der Rezipient es bemerken würde, daß und wie

---

[144] Goebbels, Rede auf der Sondertagung der Gau- und Kreispropagandaleiter anlässlich des 7. Reichsparteitages der NSDAP In: Quanz (2000), S. 40.

[145] Winkler-Mayerhöfer (1995), S. 64.

[146] vgl. Bracher et. al. (1993), S. 291.

[147] Goebbels, Konferenzen II In: Quanz (2000), S. 41.

[148] Goebbels In: Quanz (2000), S. 42.

er beeinflußt würde."[149] Gobbels beherrschte diese Kraft sogar sehr gut und sah sich deshalb als „Künstler", der sie gestaltete.

Die „in den Dienst der großen Mission"[150] gestellte Propaganda durchdrang alle Schichten des All-tags und war dort überall präsent wie z. B. in Schulbüchern, Kinos, Zeitungen und in Theatern. Neben den anderen Medien wie Rundfunk und Presse sollte der Film als Propagandainstrument dienen, denn der Film „besäße, [so Hitler], neben der Rede die aussichtsreichste Fähigkeit zur Massenbeeinflussung."[151] Goebbels vertrat die Auffassung, dass „[e]ine kluge, vorausschauende Staatsführung [...] sich von vornherein all die Mittel sichern [muss], die dazu angetan sind oder auch nur angetan sein können, ein Volk in seiner Willenskraft zu erziehen, zu lenken und zu stärken."[152]

> *„Sie ist nötig wie das tägliche Brot, denn sie erhält den Staat und sie ist jene Kraft, die immerdar mit dem Staate das Volk verbindet."[153]*

Neben Hitler, der sich jeden Tag nach dem Abendessen einen Spielfilm vorspielen ließ, war auch Goebbels ein passionierter Filmliebhaber, „auf dessen Engagement eine Vielzahl der filmpolitischen Schritte des Dritten Reiches zurückzuführen sind, die ein Indiz für den hohen Stellenwert des Mediums Film innerhalb der Propaganda sind [...]."[154]

Allen voran beherrschten Hitler und Goebbels die theoretischen Grundlagen und Regeln der politischen Agitation und erkannten deshalb auch die Möglichkeiten, die der Film für eine wirksame Propaganda bot. Man hielt die von Hitler aufgestellten Propagandamaxime im Medium Film für realisierbar:

---

[149] Quanz (2000), S. 42.

[150] Hitler In: Winkler-Mayerhöfer (1995), S. 67.

[151] Winkler-Mayerhöfer (1995), S. 67.

[152] Goebbels, Rede zu den Filmschaffenden in der Krolloper am 10.3.1939 In: Winkler-Mayerhöfer (1995), S. 66.

[153] Goebbels, Rede auf der Sondertagung der Gau- und Kreispropagandaleiter anlässlich des 7. Reichsparteitages der NSDAP In: Quanz (2000), S. 40.

[154] Winkler-Mayerhöfer (1995), S. 68.

Der Film war eines der wichtigsten Propagandamittel, mit dem Goebbels die politischen Vorstellungen visuell verbreiten konnte. Sogar in Kriegszeiten ließ er nach Luftangriffen zerstörte Kinos provisorisch aufbauen und wieder in Betrieb nehmen. Diese Maßnahmen sollten die Aufrechterhaltung der Moral in der Bevölkerung unterstützen und besonders die Gedankengänge unterdrücken.[156]

Goebbels war von der „Kraft" des Filmes, der „als Verstärker, Filter oder Katalysator von gesellschaftlichen Trends [fungiert] und gleichzeitig auf die Gesellschaft zurückwirk[t]."[158], überzeugt und setzte sie für eine produktive, massenpsychologische Propaganda ein.

Da das Kino im Dritten Reich eine große Reichweite erlangte und dadurch auch bei der Freizeitgestaltung der Bevölkerung große Popularität genoss, stellte der Film ein Massenmedium dar, dessen die Propagandisten sich breitenwirksam bedienen konnten.[159]

Die im Film vermittelte Volksnähe und der Appell an die Gefühle begünstigten die Vermittlung der nationalsozialistischen Ideen. Dabei war besonders die latente und sublim versteckte Propaganda „die beste [...], die sozusagen

---

[155] Hitler In: Winkler-Mayerhöfer (1995), S. 69.

[156] vgl. Quanz (2000), S. 45.

[157] Goebbels, Tagebucheintragungen vom 21.2.1942 In: Winkler-Mayerhöfer (1995), S. 68.

[158] Quanz (2000), S. 47.

[159] vgl. Ebd., S. 46.

unsichtbar wirkt, das ganze öffentliche Leben durchdringt, ohne daß das öffentliche Leben überhaupt von der Propaganda irgendeine Kenntnis hat."[160]

Um den Film und seine „volkserzieherischen" Möglichkeiten weiter zu fördern bzw. zu optimieren, ließ sich Goebbels sogar von den Fähigkeiten des Auslandes, speziell den USA, inspirieren. Immer mehr wurde der Film für die Ziele und Zwecke der NS-Propagandisten instrumentalisiert, denn die Volkserziehung, ermöglicht durch dieses beliebte Massenmedium, sollte vom Staat auf keinen Fall vernachlässigt und vor allem effektiv genutzt werden.[161]

3. Der Unterhaltungsfilm in der NS-Zeit

Das Medium Film entwickelte sich seit Anfang des 20. Jahrhunderts zum stark von der Bevölkerung adaptierten Unterhaltungsmittel und damit verbunden stieg auch die Anzahl der Kinobesuche stetig an. Deshalb bot sich den Nationalsozialisten eine sehr gute auf- und ausbaufähige Basis, mit dem Spiel- bzw. Kinofilm zugleich ein breites Publikum zu erreichen und ihre Ideologien bzw. Propaganda zu vermitteln. Der Kinobesuch (den sich jeder im Gegensatz zum Theater oder anderen Veranstaltungen leisten konnte) ermöglichte Entspannung und Ablenkung vom Alltag, vorwiegend durch Unterhaltungsfilme wie z. B. Komödien, Abenteuerfilme oder Liebesdramen. Sie nahmen ca. 86 % der Gesamtspielfilmproduktion in der NS-Zeit ein.[162] Der Film sollte „in erster Linie bestimmte grundsätzliche Einstellungen und Werthaltungen stützen, wie etwa Freude an der Arbeit, Aufgeschlossenheit gegenüber Kinderreichtum und Familie, Heimatliebe und Nationalgefühl."[163]

---

[160] Goebbels, Rede anläßlich der Kriegstagung der Reichsfilmkammer am 15.2.1941 In: Quanz (2000), S. 39.

[161] vgl. Quanz (2000), S. 49.

[162] vgl. Winkler-Mayerhöfer (1995), S. 72.

[163] Bracher et. al. (1993), S. 305.

Die Inhalte waren meist Liebesgeschichten, der Aufstieg des „kleinen Mannes", der durch seinen Fleiß und aus eigener Kraft zum Erfolg gelangt, Heimat- und Bergidyllen, Geschichten von mutigen Abenteurern oder Lebenskünstlern. Die Zuschauer sollten sich für kurze Zeit auf die Reise in eine Traum- bzw. heile Welt begeben, die nicht utopisch, sondern wirklichkeitsnah dargestellt wurde, wobei aber Schilderungen vom Alltag vermieden wurden. Diese „hätte[n] gefährlich werden können. Die Gelenkten sollten nicht merken, wohin sie getrieben wurden..."[164]. Darum wurden bewusst Happy-Ends, Musik und Tanz eingesetzt, um Optimismus und Lebensfreude zu verbreiten und „auf diese Weise somit ebenfalls zur Erfüllung der propagandistischen Funktion des Unterhaltungsfilms bei[zu]tragen."[165] Denn diese so scheinbar harmlose Unterhaltungsware sollte dafür sorgen, dass Unzufriedenheit und Unmut sich nicht zu unruhestiftendem und aufrührerischem Denken und Handeln entwickeln, sondern in Träumen von einer besseren Welt abklingen würden.[166] Deshalb wussten auch die Nationalsozialisten, insbesondere Propagandaminister Goebbels, die Tatsache zu nutzen, dass der Unterhaltungsfilm am besten für eine möglichst simple und wiederholende Darbietung der Inhalte geeignet war und somit auch ihre Propaganda am effektivsten eingesetzt und rezipiert werden konnte.[167]

In den Spielfilmen sollte das Publikum die Politik und Ideologie „spielerisch" aufnehmen und als Norm akzeptieren. Durch sublim versteckte Propaganda ließen sich z. B. regimestabilisierende Inhalte wie das Rollenverhalten von Frauen, die Propagierung von Großfamilien und „artgerechte" Handlungsweisen dort unauffälliger unterbringen.[168]

---

[164] Leiser In: Winkler-Mayerhöfer (1995), S. 73.

[165] Winkler-Mayerhöfer (1995), S. 79.

[166] vgl. Ebd., S. 76.

[167] vgl. Quanz (2000), S. 130.

[168] vgl. Ebd.

Das Publikum sollte nicht auch noch im Kino mit offensichtlicher Agitation konfrontiert, sondern unterhalten und abgelenkt werden, um die Begeisterungs- und Aufnahmefähigkeit für „manifest politisch-propagandistische Filme"[169] zu behalten, damit keine Sättigung diesbezüglich erreicht würde.[170] Die unterschwellige Ideologievermittlung und das Ausblenden von NS-Elementen wie z.B. dem Hitlergruß, den Hakenkreuzfahnen und den NS-Uniformen hatten demnach auch die Aufgabe, „die Rezeption von offensichtlichen Tendenzfilmen"[171] zu unterstützen, sozusagen „Propaganda für Propaganda".[172]

> *„Man soll nicht von früh bis spät in Gesinnung machen."[173] [W]ir wollen durchaus nicht, was ich schon an anderer Stelle ausgedrückt habe, daß unsere SA-Männer durch den Film oder über die Bühne marschieren."[174]*

Seit dem Kriegsbeginn 1939 nahm die Bedeutung von „Propaganda für Propaganda" immer mehr zu (obwohl Goebbels bis dahin nur geringen Wert auf den Unterhaltungsfilm gelegt hatte), und in den Kinos dominierten deshalb „harmlose" Komödien und Operettenfilme. Goebbels war nämlich der Meinung, dass Propaganda dann am effektivsten wäre, wenn sie ihre Inhalte möglichst simpel und wiederholend darbot, wozu der Unterhaltungsfilm prädestiniert wäre.[175]

Die Unterhaltung stellte nach Goebbels „besonders in Kriegszeiten einen nationalen Faktor ersten Ranges dar"[176], denn „ihr käme nämlich [...] die Aufgabe zu, ein Volk für seinen Lebenskampf auszustatten, ihm die in dem

---

[169] Winkler-Mayerhöfer (1995), S. 75.

[170] vgl. Ebd.

[171] Winkler-Mayerhöfer (1995), S. 75.

[172] Ebd.

[173] Goebbels, Rede vom 28.3.1933 In: Winkler-Mayerhöfer (1995), S. 75.

[174] Goebbels, Rede in den Tennishallen am 19.5. 1933, Berlin In: Winkler-Mayerhöfer (1995), S. 75.

[175] vgl. Quanz (2000), S. 132.

[176] Ebd., S. 74.

dramatischen Geschehen des Tages notwendige Erbauung, Unterhaltung und Entspannung zu geben [...].“[177]

> *„Optimismus gehört nun einmal zur Kriegsführung. Mit Kopfhängerei oder weltanschaulichen Theorien gewinnt man keine Schlachten. Es ist deshalb notwendig, unser Volk in einer guten Stimmung zur erhalten und die moralische Widerstandskraft der breiten Masse zu stärken.“[178]*

> *„Auch die Unterhaltung ist heute staatspolitisch wichtig, wenn nicht sogar kriegsentscheidend.“[179]*

Von dem Gesamtangebot an Spielfilmen im Zeitraum 1939 bis 1945, das ca. 1094 Filmwerke umfasste, stand die Produktion der sogenannten H-Filme mit 47,8 % an der Spitze, wobei die P-Filme mit nur 14 % weit dahinter lagen. Diese von Gerd Albrecht geprägten Filmgattungen werden wie folgt unterschieden:

> *„1. Filme aktionsbetonter Grundhaltung mit nur latenter politischer Funktion (A-Filme), 2. Filme ernster Grundhaltung mit nur latenter politischer Funktion (E-Filme), 3. Filme heiterer Grundhaltung mit nur latenter politischer Funktion (H-Filme), 4. Filme mit manifester politischer Funktion ohne Rücksicht auf ihren sonstigen Inhalt und ihre Grundhaltung (P-Filme).“[180]*

Auch im Vergleich der Zahlen vom Jahresangebot von Filmen ergaben sich für die heiteren Filme ca. 50 % und die reinen politischen Filme ca. 10 %.[181]

Obwohl mit dem Kriegsbeginn 1939 die Produktion an Unterhaltungsfilmen auf 36,1 % und 1942 auf 34,6 % der Jahresproduktion sank (was für den manifest politisch-propagandistischen Film eine erhebliche Steigerung auf 25 % ergab), veränderte sich schlagartig die Produktionssituation nach der 1943 erfahrenen Niederlage und der Wende bei Stalingrad. Um vom abzusehenden Kriegsverlauf

---

[177] Ebd.

[178] Goebbels, Tagebucheintragung vom 27.2.1942 In: Quanz (2000), S. 74.

[179] Goebbels, Rede vom 8.2. 1942 In: AG Lernen & Medien. Zentrum für interdisziplinäre Lernaufgaben. Justus-Liebig Universität Gießen. Der Unterhaltungsfilm im Dritten Reich: Indirekte Propaganda. 1999. (letzter Zugriff: 21.07.02). <http://www.bildung.hessen.de/mversuch/tv-weiser/lex_gesch/lex_gesch_nsprop.htm>, S. 1.

[180] Witte (1975), S. 44.

[181] vgl. Ebd.

abzulenken und die Moral der Deutschen aufrechtzuerhalten, wurden überdurchschnittlich viele H-Filme produziert (55,4 % vom Jahresangebot)[182], die immer mehr Realitätsferne, auffälligere Kostümierung und außergewöhnliche Schauplätze beinhalteten.[183] Auch die Zahl der Kinobesuche stieg stetig mit der Kriegsdauer, wobei es z. B. 1939 834 Millionen und 1944 schon 1,2 Milliarden waren.[184]

4. „Die Feuerzangenbowle" – heiter oder ideologisch?

4.1 Zum Filminhalt

In gemütlicher Runde um die Feuerzangenbowle erinnern sich vier ältere Herren an die gute alte Zeit – die Schulzeit. Alle amüsieren sich köstlich über die Schülerstreiche, die witzigen Erlebnisse und die Eigenarten der Lehrer. Doch einem von ihnen, Dr. Johannes Pfeiffer, ist die „prustende Heiterkeit allerdings unverständlich"[185], weil er nie eine öffentliche Schule besucht hatte, sondern nur von einem Privatlehrer unterrichtet wurde. Um Pfeiffer die entgangenen Erfahrungen nachträglich zu zeigen, wird er aufgrund einer verrückten Wette zurück auf die Schule, ein Kleinstadtgymnasium, geschickt. Dort drückt der Neue die Schulbank: „Klassenbucheinträge, Bestrafungen aller Art, Karzer, [Anstiftung zu] Streiche[n] mit gutem und bösem Ausgang"[186] folgen und er wird deshalb zum Sorgenkind der ehrwürdigen Lehrer.

---

[182] vgl. Witte (1975), S. 44.

[183] vgl. Winkler-Mayerhöfer (1995), S. 79.

[184] vgl. Donner (1995), S. 64.

[185] WDR Köln. Die Feuerzangenbowle. 1999. (letzter Zugriff: 21.07.02). <http://www.bildung.hessen.de/mversuch/tv-weiser/fzb/fzb/_inh.htm>, S. 1.

[186] ohne Autor. Die Feuerzangenbowle. (o.J.). (letzter Zugriff: 21.07.02). <http://www.fh offenburg.de/ ~asta/ film/ws95/ feuerz.html>, S. 1.

Weil Eva, die Tochter des Schuldirektors, in die sich Pfeiffer verliebt hat, ihm nicht glauben will, wer er wirklich ist, beschließt er, sein Pennälerdasein zu beenden und seine wahre Identität preiszugeben.[187]

„Der Krieg war verloren, die Städte lagen in Trümmern, die materielle und moralische Katastrophe war offenkundig, als ein Film entstand, der noch heute als kleines Meisterwerk zeitlos heiteren Eskapismus' gilt, des idealen, unschuldigen kleinen Deutschen Heinz Rühmann liebstes Werk und ein Amüsement noch für die Generation des Wirtschaftswunders und weit darüber hinaus."[188]

4.2 Allgemeines zum Film „Die Feuerzangenbowle"

Der von Heinrich Spoerl geschriebene Roman „Die Feuerzangenbowle" wurde zweimal in Besetzung von Heinz Rühmann verfilmt, wobei die erste veränderte Fassung „So ein Flegel" schon am 13. Februar 1934 im U.T. Kurfürstendamm uraufgeführt wurde. Dieser Film beinhaltet die Geschichte von dem erfolgreichen Bühnenautor Dr. Hans Pfeifer, der mit seinem Bruder, einem Pennäler, die Rollen tauscht, um Material für sein geplantes Bühnenstück über die Schule zu sammeln.[189]

Die zweite Verfilmung wurde am 28. Januar 1944 im U.T. Königstadt und Tauentzien-Palast in Berlin uraufgeführt. Bei dieser Fassung führte Helmut Weiss Regie und Heinz Rühmann übernahm die künstlerische Gesamtleitung. Obwohl „Die Feuerzangenbowle" 1943 vom Reichsminister für Wissenschaft, Erziehung und Volksbildung Rust verboten wurde (weil seiner Ansicht nach der

---

[187] vgl. WDR Köln. Die Feuerzangenbowle. 1999. (letzter Zugriff: 21.07.02). <http://www.bildung.hessen.de/mversuch/tv-weiser/fzb/fzb/_inh.htm>, S. 1.

[188] ohne Autor. Die Feuerzangenbowle. (o.J.). (letzter Zugriff: 21.07.02). <http://www.fhoffenburg.de/~asta/film/ws95/feuerz.html>, S. 1.

[189] vgl. ohne Autor. So ein Flegel – Die Feuerzangenbowle. (o.J.). (letzter Zugriff: 21.07.02). <http://www.chez.com/johannes/Ruehmann/D_Ruehmann_DFeuerzangenbowle.htm>, S. 2.

Film die Pädagogen lächerlich mache), konnte Heinz Rühmann die Ausstrahlung des Films bei Göring durchsetzen.[190]

> *„[...] Am nächsten Morgen erfuhr ich, daß der Film ein großer Erfolg gewesen sei. Mittags kam die Meldung, Göring hätte beim Führerrapport berichtet und auch erzählt, daß der Film verboten sei. Warum, wüßte er nicht, gestern hätten jedenfalls alle schallend gelacht. Darauf Hitler: „Ist er wirklich so komisch?" Göring: „Wir haben uns auf die Schenkel geschlagen!" Hitler: „Dann soll er sofort anlaufen!"[191]*

4.3 „Die Feuerzangenbowle" – Unterhaltung oder Ideologie?

„Die Feuerzangenbowle", die zu den Klassikern des deutschen Films gehört, soll ein NS-politisch unterlegter Film sein? Oder doch nur Unterhaltung? In einer Für- und Wider-Diskussion „Unter-haltung oder Ideologie" möchte ich unter anderen diese Fragen klären und meine Thesen zur versteckten Ideologie in der „Feuerzangenbowle" mit Hilfe von ausgewählten Beispielen darstellen und belegen.

„Die Feuerzangenbowle" ist ein gutes Beispiel für den „heiteren" Film in der Zeit des National-sozialismus. Sie war die erfolgreichste Filmkomödie im Dritten Reich, die neben den Gattungen Abenteuerfilmen und Liebesdramen zu den Unterhaltungsfilmen (die ca. 86 % der Gesamtspiel-filmproduktion einnahmen), zählte.[192] Allein 47,8 % des Gesamtangebots entfallen dabei auf die sogenannten H-Filme, die laut Albrecht, „Filme, mit heiterer Grundhaltung mit nur latenter politischer Funktion"[193] sind. Witte ist dagegen der Meinung, dass nicht die politische Latenz, sondern die Produktionsideologie anzuzeigen ist. Er vertritt den Standpunkt, dass diese in den Kunstmitteln stecke, die an sich nicht faschistisch seien, sondern dafür funktionalisiert und verwendet würden. In

---

[190] vgl. Ball (1981), S. 98.

[191] Rühmann In: ohne Autor. So ein Flegel – Die Feuerzangenbowle. (o.J.). (letzter Zugriff: 21.07.02).
<http://www.chez.com/johannes/Ruehmann/D_Ruehmann_DFeuerzangenbowle.htm>, S. 2.

[192] vgl. Winkler-Mayerhöfer (1995), S. 72.

[193] Witte (1975), S. 44.

diesem Zusammenhang zeigt er in seiner Untersuchung „Wie faschistisch ist die Feuerzangenbowle" die Verwandtschaft zwischen manifest politischen und latenten Filmen auf. [194]

Bei neutraler Betrachtung wirkt „Die Feuerzangenbowle" auf den ersten Blick sehr lustig, was durch die Situationskomik und die Spielweise Heinz Rühmanns unterstützt wird. Sie scheint eine harmlose Komödie über die „Penne", deren Lehrkörper und Schülerstreiche die Erinnerungen an die eigene Schulzeit wecken. Doch nach mehrmaligem bewussten Schauen und Analysieren stößt der Rezipient auf Äußerungen und Handlungsweisen, die auf unterschwellige Ideologievermittlung schließen lassen.

Schon das Entstehungs- bzw. Uraufführungsjahr 1944 lässt an der Objektivität des Filmes zweifeln, da sich die Produktion der Unterhaltungsfilme zu dieser Zeit in ihrer Hochzeit befand, weil die Nationalsozialisten in der letzten Phase des Krieges die Moral und das Durchhaltevermögen der Bevölkerung aufrechterhalten und vor allem stärken wollten. Die Wende in Stalingrad 1943 und der schon abzusehende Kriegsausgang veranlassten die Propagandisten, die Filmproduktion überwiegend auf „Filme mit [...] unterhaltende[m] Inhalt"[195] umzustellen. Ein weiterer Punkt, der gegen die Objektivität spricht, betrifft Heinrich Spoerl und seine politische Konformität, „die in das Lustspiel systemstabilisierende Dialoge einbrachte"[196]. Er schrieb nämlich das Drehbuch für die „Feuerzangenbowle", das durch ihn bewusst ideologisch „beeinflusst" wurde.

Je näher das Ende des Krieges heranrückte und damit auch das des Dritten Reiches absehbar war, umso mehr mussten die reinen Propagandafilme den lustigen Unterhaltungsfilmen weichen. Damit verbunden wurden die noch im

---

[194] vgl. Witte (1975), S. 240.
[195] Ebd.
[196] Ebd., S. 245.

Film vorhandenen „heilen" Welten intensiviert dargestellt und man rettete sich in fernere, bessere Zeiten.[197] Diese Merkmale sind auch in der „Feuerzangenbowle" vorhanden: die Flucht aus der Gegenwart in die gute alte Kaiserzeit. Da der Film im Wilhelminismus von 1913 spielt, wirkt die Verklärung dieser Zeit als Gegensatz zur ernüchternden Gegenwart von 1944: Tote, Flüchtlinge, Hungersnot und zerbombte Häuser.[198] Die Söhne müssen sich an den Erzählungen und Streichen ihrer Väter erbauen, die ihnen die schönste Zeit gestohlen haben, indem sie sie in den Krieg schickten.[199] Dadurch entsteht der Wunsch nach einer „heilen" Welt, in der sie ihre verpasste Jugendzeit nochmals und besser erleben können.[200] Dahinter verbirgt sich tiefe Melancholie und ein akutes Defizit an positiv erfahrener Wirklichkeit von 1944, die deutlich durch das Motto des Filmschlusses bestätigt werden, indem einer aus der Altherrenrunde stellvertretend für die Zivilbevölkerung spricht: „Wahr sind nur die Erinnerungen, die wir in uns tragen, Träume, die wir spinnen, und die Sehnsüchte, die uns treiben."

Das Motiv der „Feuerzangenbowle" beruht nicht nur auf einer Art Stammtisch-Nostalgie, die dem Schriftsteller Dr. Pfeiffer das Nachholen von entgangenen Schulerfahrungen ermöglichen.[201] Wie auch Pfeiffer seine Jugend nicht intensiv ausleben konnte, so muss jetzt die Generation von 1944, deren „schönste Zeit" durch den Krieg überschattet oder ihr sogar genommen wird, ihre

---

[197] vgl. AG Lernen & Medien. Zentrum für interdisziplinäre Lernaufgaben Justus-Liebig-Universität Gießen: Die

Komödie im NS-Film: Am Beispiel „Die Feuerzangenbowle" – Interpretation. 1999. (letzter Zugriff: 28.04.02).

<http://www.bildung.hessen.de/mversuch/tv-weiser/fzb/fzb_int.htm>, S. 1.

[198] vgl. Witte (1975), S. 241.

[199] vgl. Ebd.

[200] vgl. AG Lernen & Medien. Zentrum für interdisziplinäre Lernaufgaben Justus-Liebig-Universität Gießen: DieKomödie im NS-Film: Am Beispiel „Die Feuerzangenbowle" – Interpretation. 1999. (letzter Zugriff:28.04.02).

<http://www.bildung.hessen.de/mversuch/tv-weiser/fzb/fzb_int.htm>, S. 1.

[201] vgl. Witte, Karsten (1975), S. 241.

Mangelerfahrungen durch die Erinnerungen aus zweiter Hand (ihrer Eltern oder Verwandten) kompensieren und sich damit begnügen. Aber um von dieser grausamen Realität abzulenken und um das Bewusstmachen des Ausmaßes eines verpassten Lebens bzw. einer verpassten Jugend (aufgrund des Krieges) abzudämpfen, werden als Ersatz dafür Erinnerungen an bessere und unbeschwertere Zeiten beim Rezipienten durch den im Film gezeigten Wilhelminismus von 1913 geweckt.

In der Prozedur der Feuerzangenbowle beschwört der Film einen Geist der Tradition, einen Zauberbann des Vergangenen, wobei jede Vergangenheit glücklicher erscheint als die Gegenwart. Die Streiche der älteren Generation sollen eine Tradition der Jüngeren bilden.[202]

Die Rückverwandlung des Schriftstellers Dr. Pfeiffer zum 18-jährigen Pennäler wird durch mehrere Überblendungen ermöglicht. Diese Verjüngung bzw. Rückentwicklung schlug sich nicht nur in den Inhalten durch, sondern wurde auch als soziales Leitbild an den Darstellern des Unterhaltungsfilms verstärkt.[203] Dadurch lässt sich der Zwang der Nationalsozialisten erkennen, „ihre Eroberungsarbeit mit der Schlagkraft des Jugendmythos zu rechtfertigen und durchzusetzen"[204].

Um die Unterhaltungs- und Ablenkungsstrategie im Unterhaltungsfilm zu unterstützen, wurden bewusst beliebte Schauspieler/innen eingesetzt, weil sie eine Identifikations- und Vorbildfunktion für den Rezipienten erfüllten. So wurde auch in der „Feuerzangenbowle" die Zugkraft etablierter Publikumslieblinge wie z.B. Erich Ponto, Paul Henckels, Karin Himboldt und Heinz Rühmann aus-genutzt. Vor allem die „Alltagstauglichkeit" und die „Der Mensch wie du und ich"-Wirkung Rühmanns förderten die Identifikation des

---

[202] vgl. Ebd., S. 242.
[203] vgl. Ebd., S. 241.
[204] Ebd., S. 242.

Rezipienten mit dem Schauspieler. Laut Goebbels sollten sich die Künstler die nationalsozialistischen Auffassungen zu Eigen machen, die Werte mit Hilfe ihrer Popularität vermitteln und auf der Leinwand darstellen.[205]

Obwohl das Hierarchie- und Autoritätsgefüge zwischen Lehrern und Schülern klar definiert ist, indem die Professoren letzteren gegenüber Strenge und Ordnung demonstrieren (wie es die Wert-vorstellungen vorgeben bzw. verlangen), werden sie jedoch auch Opfer von Schelmenstücken der Schüler. Dies kann als eine gewisse Kritik am Autoritäts- und Obrigkeitsprinzip interpretiert werden und spräche somit gegen meine Thesen der Ideologie. Auch das offene Verhältnis des Schuldirektors Prof. Schnauz zu seinen Pennälern stellt einen Gegensatz zum konservativen Lehrerbild dar, wie es z. B. folgende Aussprüche von ihm belegen: „Der Lehrer ist der Freund des Schülers."[206] und „Morgen Jungs, Bleibt sitzen! Was habe ich davon, wenn ihr aufsteht?"[207] Die Schulstreiche Pfeiffers dagegen sind der Ausdruck harmloser Aufmüpfigkeit oder scheinbarer „Rebellion" als notwendige Stufe bei der Eingliederung in Autoritätshierarchien.[208]

Der Pennäler Pfeiffer gewinnt durch die gelungenen Streiche an Überlegenheit, wobei er als eine Art Führerfigur wirkt, der alles gelingt und damit die Sympathie und Unterstützung seiner Mitschüler gewinnt. Doch diese Übermacht der Hauptfigur wird gedämpft bzw. verharmlost, weil die ihm gegebene Autorität vor allem durch die Lehrer anerkannt wird. Prof. Schnauz durchschaut als einziger des Lehrerkollegiums die Intelligenz Pfeiffers: „Der steckt uns alle

---

[205] vgl. Quanz (2000), S. 95

[206] Terra: Die Feuerzangenbowle. Berlin 1944.

[207] Terra: Die Feuerzangenbowle. Berlin 1944.

[208] vgl. AG Lernen & Medien. Zentrum für interdisziplinäre Lernaufgaben Justus-Liebig-Universität Gießen: Die Komödie im NS-Film: Am Beispiel „Die Feuerzangenbowle" – Interpretation. 1999.
(letzter Zugriff: 28.04.02). <http://www.bildung.hessen.de/mversuch/tv-weiser/fzb/fzb_int.htm>, S. 1.

in den Sack!"[209]. Seine Feststellung kann sowohl der Kritik an dem festgeschriebenen Hierarchiegefüge und an den Wertvorstellungen zugeschrieben werden als auch für die Führungs- und Beeinflussungsmacht eines Einzigen sprechen.

Zur Entkräftigung dieser These trägt die Maskerade Pfeiffers als Schüler bei. Sie ist „die Hauptquelle der Witze im Film [und], garantiert für ihre Harmlosigkeit."[210] Jedoch wiederum dagegen spricht das Zitat Goebbels, dass Witze „Ventile [...] [sind,] aus denen der angehende junge Deutsche seine anarchistische Luft abläßt"[211], und er bestätigt damit meine These der als Unterhaltung getarnten Politik. Die innovative und offene Einstellung des Lehrers Schnauz gibt den Schülern moralische Unterstützung und fördert deren Tatendrang: „Ihr macht ja alles anders und macht es besser!"[212], was auch hier als ein Teil der NS-Ideologie - die Erziehung und die Bedeutsamkeit der Jugend, in deren Händen die Zukunft und das Weiterbestehen des Dritten Reiches liegt - gesehen werden muss. Die Szene, in der die Lehrer über die neue Generation sprechen, ist ein weiterer Beweis für die unterschwellig vermittelte Propaganda, die die Förderung der Jugend im Sinne und für den Zweck der Nationalsozialisten beinhaltet. Hier tritt auch das oft von den Nazis gebrauchte Motiv der Rückverwandlung in die Natur auf. Der jüngere von den beiden Lehrern fordert verschärfte Disziplinierung der Jugend und Respekt vor den Lehrern:

---

[209] Terra: Die Feuerzangenbowle. Berlin 1944.

[210] AG Lernen & Medien. Zentrum für interdisziplinäre Lernaufgaben Justus-Liebig-Universität Gießen: Die Komödie im NS-Film: Am Beispiel „Die Feuerzangenbowle" – Interpretation. 1999. (letzter Zugriff: 28.04.02).
<http://www.bildung.hessen.de/mversuch/tv-weiser/fzb/fzb int.htm>, S. 1.

[211] Goebbels In: AG Lernen & Medien. Zentrum für interdisziplinäre Lernaufgaben Justus-Liebig-Universität Gießen: Die Komödie im NS-Film: Am Beispiel „Die Feuerzangenbowle" – Interpretation. 1999. (letzter Zu-griff: 28.04.02).
<http://www.bildung.hessen.de/mversuch/tv-weiser/fzb/fzb int.htm>, S. 1.

[212] Terra: Die Feuerzangenbowle. Berlin 1944.

„Es wäre auch traurig, wenn eine neue Zeit nicht auch neue Methoden hätte. Junge Bäume, die wachsen wollen, muß man anbinden, daß sie schön gerade wachsen, nicht nach allen Seiten ausschlagen. Und genauso ist es mit den jungen Menschen. Disziplin muß das Band sein, daß sie bindet zu schönem geraden Wachstum."[213]

Die Szene, in der Pfeiffer den Chemie-Unterricht übernimmt und dabei den Lehrer spielt, wirkt zwar auf den ersten Blick sehr komisch, enthält jedoch ideologische Ansätze. Denn Pfeiffer doziert über die Chemie des Ackerbodens, die sich an der Geopolitik Friedrich II. und den Entdeckungen Justus Liebigs orientiert.[214] Nebenbei klingen auch Bestandteile der Lehre des Darwinismus an, bei dem sich nur der Stärkere in der Natur durchsetzt. Diese Lehre wurde zur Grundlage ihres eigens geschaffenen Sozialdarwinismus.

Neben diesen Elementen erhalten auch die Moralvorstellungen und die Geschlechterrollen der NS-Zeit klassische Bestätigung in der „Feuerzangenbowle", „vor allem in der Konfrontation der „mondänen" Großstadtdame (sprich „Hure") mit dem „natürlichen", „unschuldigen" Mädchen, das „eine Frau zum Heiraten" wird."[215]

Als Marion, die Geliebte des Schriftstellers Dr. Pfeiffer, aus der Großstadt Berlin zu ihm in die Provinz kommt, wird sie den anderen als dessen Tante vorgestellt. Auch die Schülerliebe Eva (des Pennälers Pfeiffer) wird für die Schwester ihrer Mutter ausgegeben. Die erotischen Beziehungen werden damit auf freundschaftliche, familiäre Beziehungen reduziert. Die Frauen sollen im Mutterkult verehrt werden und die Geliebte steht außerhalb der Familie.[216]

Die gleichaltrigen Mitschülerinnen Pfeiffers werden sogar als „Gänse und Schafe" bezeichnet, weil eine Liebesbeziehung zwischen Mann und Frau als

---

[213] Terra: Die Feuerzangenbowle. Berlin 1944.

[214] vgl. Witte (1975), S. 245.

[215] AG Lernen & Medien. Zentrum für interdisziplinäre Lernaufgaben Justus-Liebig-Universität Gießen: Die Komödie im NS-Film: Am Beispiel „Die Feuerzangenbowle" – Interpretation. 1999. (letzter Zugriff: 28.04.02).
<http://www.bildung.hessen.de/mversuch/tv-weiser/fzb/fzb_int.htm>, S. 2.

[216] vgl. Witte (1975), S. 243.

undenkbar empfunden wird. Als Pfeiffer beim Lesen des Liebesbriefes von Eva durch den Lehrer ertappt wird, isst Pfeiffer den Brief einfach auf. Diese Verleugnung und Verdrängung der Frau untermauert den Vorwurf einer öffentlich sanktionierten Liebesbeziehung.[217] Daneben lässt sich auch das Tabu der Abbildung und die Verdrängung des Wunsches nach weiblicher Sexualität daran erkennen, dass in einer Szene eine nackte Frau auf die Schultafel gekritzelt wurde und die unvollständige Karikatur schließlich zu einem männlichen Wesen vollendet wird.

5. Fazit

Es ist bemerkenswert, wie viele und welche verschiedenartigen Elemente von versteckter bzw. unterschwelliger Ideologie der Rezipient in dem Film „Die Feuerzangenbowle" erkennen kann, in einem Klassiker des deutschen Films, der noch heute gezeigt wird und sogar eine eingeschworene Fan-Gemeinde hat.

Bei neutraler Betrachtung bzw. auf den ersten Blick wirkt der Film als lustige Komödie über die gute alte Schulzeit. Doch bei intensiver und analytischer Betrachtung stößt der Rezipient in prägnanten Szenen auf unterschwellig vermittelte Botschaften der Propagandisten des Nationalsozialismus. Über Kommentare, Dialoge und bestimmte Handlungsweisen der Figuren werden in der „Feuerzangenbowle" die NS-Wert- und Moralvorstellungen wie z. B. Hierarchie, Autorität, Stärke, Rollenbilder von Mann und Frau und besonders die Bedeutsamkeit und Förderung der Jugend vorgegeben. Nach meiner Ansicht überwiegen die Elemente einer versteckten Ideologie gegenüber denen der Unterhaltung, trotzdem sollte man sie nicht überbewerten und überinterpretieren. Grundlegend ist allerdings zu bemerken, dass der Film in der letzten Phase des Dritten Reiches entstand und so auch ein Bestandteil der gleichgeschalteten Filmproduktion war. Aufgrund dessen kann er als

---

[217] vgl. Witte (1975), S. 243.

nationalsozialistisch belastet angesehen werden und kann somit auch nicht objektiv und „neutral" sein. Deshalb wäre es falsch, die in der „Feuerzangenbowle" fein versteckte „Propaganda" zu leugnen.

Die Propagandisten des NS-Staates erkannten die Möglichkeiten, die der Film, ein immer stärker beim Publikum etabliertes Medium, für ihre Zwecke bzw. für ihre „große Mission" bot. Speziell der Unterhaltungsfilm, der sich in Form und Botschaft an die Sinne richtet, war durch diese Eigenschaften prädestiniert, um dem Volk unterbewusst die NS-Ideologien zu vermitteln.[218] Über „harmlose" Inhalte wie Liebes-, Abenteuer-, Aufstiegsgeschichten sollten ein „korrektes Weltbild", bestimmte Wert- und Moralvorstellungen und vor allem regimestabilisierende Themen wie die Großfamilie, Freude an der Arbeit, Aufgeschlossenheit gegenüber Kinderreichtum und Familie, Heimatliebe und Nationalgefühl vorgegeben werden, die der Rezipient aufnehmen und leben sollte.[219]

Daher stimme ich der Ansicht Albrechts zu, „daß nicht der Inhalt, sondern der Zweck entscheide, ob ein Film politische bzw. propagandistische Funktion besitzt."[220] Neben Albrecht kommt auch Knochenrath zu dem Ergebnis, dass es keine unpolitischen Filme gegeben hat, sondern Filme mit unpolitischem Inhalt.[221] Dagegen vertritt Witte die Meinung, dass es wichtig sei, die Produktionsideologie und deren Kunstmittel anzuzeigen, „die nicht an sich faschistisch sind, aber in solchem Sinn funktionalisiert werden."[222]

So wurde auch nach meiner Meinung „Die Feuerzangenbowle" dazu funktionalisiert, um die Bevölkerung zu manipulieren, zu erziehen und sie vor allem von dem abzusehenden Ausgang des Krieges abzulenken. Durch

---

[218] vgl. Witte In: Jacobsen et. al. (1993), S. 119.
[219] vgl. Bracher et. al. (1993), S. 305.
[220] Winkler-Mayerhöfer (1995), S. 76.
[221] vgl. Ebd.
[222] Witte, Karsten (1975), S. 240.

Unterhaltung und Komik, wie auch in der „Feuerzangenbowle", sollte das Publikum zum Durchhalten und zur Aufrechterhaltung der Moral motiviert werden, um noch fest an den „Endsieg des deutschen Volkes" zu glauben.

Daher finde ich es berechtigt, wenn ich persönlich „Die Feuerzangenbowle" zu den Filmen mit „heiterer Grundhaltung mit nur latenter politischer Funktion" (laut Albrechts Untersuchungen zum NS-Film) zähle.

6. Literatur- und Quellenverzeichnis

Literatur

Ball, Gregor (1981): Heinz Rühmann: Seine Filme, sein Leben. München: Heyne Verlag. *Bracher, Karl Dietrich/ Manfred Funke/ Hans-Adolf Jacobsen (Hrsg.)* (1993): Deutschland 1933 - 1945. Neue Studien zur nationalsozialistischen Herrschaft. Bonn: BfpB.*Bredow,*

Wilfried/ Zurek, Rolf (1975): Film und Gesellschaft in Deutschland. Hamburg: Hoffmann und Campe Verlag.

Courtade, Francis/ Cadars, Pierre (1975): Geschichte des Films im Dritten Reich. München/ Wien: Carl Hanser. *Donner, Wolf* (1995): Propaganda und Film im Dritten Reich. Berlin: TIP-Verlag.

Quanz, Constanze (2000): Der Film als Propagandainstrument Joseph Goebbels'. Köln: Tereisias Verlag.

Winkler-Mayerhöfer, Andrea (1992): Starkult als Propagandamittel. Studien zum Unterhaltungsfilm im Dritten Reich. München: Öhlschläger.

Witte, Karsten: Film im Nationalsozialismus. Blendung und Überblendung. In: Jacobsen, Wolf-gang/ Anton Kaes/ Hans Helmut Prinzler (Hrsg.)(1993): Geschichte des deutschen Films. Stuttgart: Metzler, S. 119-170.

Witte, Karsten (1995): Lachende Erben, toller Tag. Filmkomödie im Dritten Reich. Berlin: Vorwerk 8.

Internet

AG Lernen & Medien. Zentrum für interdisziplinäre Lernaufgaben. Justus-Liebig-Universität

Gießen. Der Unterhaltungsfilm im Dritten Reich: Indirekte Propaganda. 1999. (letzter Zugriff: 28.04.02). http://www.bildung.hessen.de/mversuch/tv-weiser/lex_gesch/lex__gesch_nsprop.htm

AG Lernen & Medien. Zentrum für interdisziplinäre Lernaufgaben. Justus-Liebig-Universität Gießen. Die Komödie im NS-Film: Am Beispiel „Die Feuerzangenbowle" – Interpretation. 1999. (letzter Zugriff: 28.04.02). <http://www.bildung.hessen.de/mversuch/tvweiser/fzb/fzb_.htm>

ohne Autor. Die Feuerzangenbowle. (o.J.). (letzter Zugriff: 21.07.02). <http://www.fh offenburg.de/~asta/ film/ws95/ feuerz.html>

ohne Autor. So ein Flegel – Die Feuerzangenbowle. (o.J.). (letzter Zugriff: 21.07.02).<http://www.chez.com/johannes/Ruehmann/D_Ruehmann_DFeu erzangenbowle.htm>

WDR Köln. Die Feuerzangenbowle (Hbg.) 1999. (letzter Zugriff: 21.07.02). <http://www.bildung.hessen.de/mversuch/tv-weiser/fzb/fzb/_inh.htm>

Film

Terra: Die Feuerzangenbowle. Berlin 1944

Die Frau im Nationalsozialismus. Rolle in Gesellschaft und Film

Anna-Theresa Lienhardt

2014

1. Einleitung

Sie wurden als Dienerinnen der Männer versklavt, als Hexen verfolgt und verbrannt, von der Gesellschaft geächtet oder als ‚Huren‘ bezichtigt und gehenkt: Frauen in den unterschiedlichsten Epochen der Weltgeschichte. Nie hatten sie es leicht, sich in der dominanten Männerwelt zu behaupten und heute noch haben Frauen mit den Konsequenzen sexistischer Vorurteile zu kämpfen, auch wenn sich vieles verbessert hat. Eva Braun, Leni Riefenstahl, Sophie Scholl oder Zarah Leander sind wohl die ersten Namen von Frauen, die man mit der Ära des ‚Dritten Reichs‘ in Verbindung bringt. Sie waren Frauen, die während der dunkelsten Zeit der deutschen Geschichte lebten, unter der nationalsozialistischen Schreckensherrschaft litten, von ihr profitierten oder durch sie starben.

Die Hausarbeit beschäftigt sich zunächst damit, welche Rolle Frauen im NS-Staat zukam, welcher Ideologie diese Rolle entspricht und wie sich das in der Realität auswirkte, wobei der Zweite Weltkrieg von 1939 – 1945 dafür von besonderer Bedeutung sein wird. Im Speziellen geht es danach um die Rolle der Frau im nationalsozialistischen Film, da dieser ein wichtiges Instrument darstellte, die Massen im Reich geschickt zu indoktrinieren und zu manipulieren. Dazu erfolgt eine kurze Einführung zum Thema, indem die Bedeutung der deutschen Bürgerin als Rezipientin nationalsozialistischer Filme verdeutlicht wird. Danach untersucht die Arbeit, wie die Beziehung Adolf Hitlers und Joseph Goebbels' zu den weiblichen Ufa-Stars waren, wie diese Frauen in der Realität in Szene gesetzt wurden, wer sie waren und vor allem, welche Charaktere sie in ihren Filmen verkörperten. Wichtig sind konkrete Beispiele, anhand derer gezeigt wird, wie die Nationalsozialisten ihre Botschaften in den Filmen verpackten, damit diese gleichzeitig erfolgreich, unterhaltsam und beeinflussend sein konnten.

Zuletzt geht es um die einzige Frau, die im ‚Dritten Reich' hinter der Kamera große Erfolge erzielen konnte: die Regisseurin Leni Riefenstahl. Die Arbeit verfolgt dabei ausschließlich, welche Rolle sie im NS-Staat und für den NS-Film spielte und wie sie als Frau im Reich so erfolgreich werden konnte. Durch ein abschließendes Fazit werden die Untersuchungen über die Rolle der Frau in NS-Staat und NS-Film beendet.

2. Die Rolle der Frau im NS-Staat

In diesem Kapitel geht es darum, wie die Nationalsozialisten die Rolle der Frau in der Gesellschaft definierten, worauf diese Idee basiert und welche Maßnahmen getroffen wurden, um diese Rolle zu festigen. Inwiefern sich das in der Realität auswirkte und was der Zweite Weltkrieg dazu beitrug, dient ebenfalls des Betrachtung.

Bereits im Jahr 1921 wurde auf einer Generalmitgliederversammlung der NSDAP beschlossen, dass Frauen in der Partei keine führenden Positionen innehaben durften. Dies implizierte, dass sämtliche politische Entscheidungen von Männern getroffen wurden.[223] Den ab 1933 bestehenden NS-Staat leiteten ausschließlich Männer und während Frauen in der NSDAP zwar Mitglieder werden durften, so waren sie für deren Politik dennoch bedeutungslos.[224] Von der NS-Familienpolitik, die sich an der Rassenideologie orientierte und auf der auch das NS-Frauenbild aufbaute, waren sie aber trotzdem betroffen.[225] Im NS-Staat war es nämlich der Mann, der an erster Stelle stand, während die Frau die

---

[223] Vgl. Herkommer, Christina (2005): Frauen im Nationalsozialismus – Opfer oder Täterinnen? Eine Kontroverse der Frauenforschung im Spiegel feministischer Theoriebildung und der allgemeinen historischen Aufarbeitung der NS-Vergangenheit. München. S. 15.

[224] Vgl. Vaupel, Angela (2005): Frauen im NS-Film. Unter besonderer Berücksichtigung des Spielfilms. Hamburg. 2005, S. 46f.

[225] Vgl. Kinkel, Lutz (2002): Die Scheinwerferin. Leni Riefenstahl und das »Dritte Reich«. Hamburg/Wien. S. 196.

Gefährtin an seiner Seite sein sollte und für die völkische Gemeinschaft zwar denselben Wert hatte, aber nicht dieselben Rechte besaß.[226]

Die Frau im nationalsozialistischen Staat sollte nach den Nazis in erster Linie eine Mutter sein, die sich um ihr Heim, ihre Kinder und ihren Mann kümmerte. Seit 1933 erkannte der Staat diese Dienste an und es entstand ein Feiertag, der heute noch in Deutschland gültig ist: der Muttertag. Ab 1938 wurde Frauen, die mindestens vier Kinder auf die Welt gebracht hatten, das sogenannte ‚Mutterkreuz‘ verliehen.[227] Die Frau und ihre Aufgaben in Haushalt und Kindererziehung, die man vorher als selbstverständlich betrachtet hatte, waren plötzlich geschätzte Werte, die sogar ausgezeichnet wurden. Zum Teil hatten die Frauen dem Mutterbild, das die Nazis für sie vorsahen, aber auch nichts entgegenzusetzen und empfanden es sogar als Entlastung.[228] Die Aufwertung ihrer Tätigkeiten stand dabei ganz im Zeichen der NS-Rassenideologie, nach welcher die Frauen dem ‚Deutschen Reich‘ viele ‚rassereine‘ Kinder schenken sollten, um den Fortbestand der ‚arischen Rasse‘ sicherzustellen.[229]

Damit dies gewährleistet werden konnte, wollten die Nationalsozialisten die Entwicklung, dass Frauen seit der Weimarer Republik ins allgemeine Berufswesen eingestiegen waren, mehr oder weniger rückgängig zu machen.[230] Adolf Hitler verdeutlichte seinen Standpunkt zu diesem Thema in einer Rede auf dem Reichsparteitag der NSDAP im Jahr 1934:

---

[226] Vgl. Vaupel 2005, S. 46f.

[227] Vgl. Beyer, Friedemann (19916): Die UFA-Stars im Dritten Reich. Frauen für Deutschland. München. S. 23ff.

[228] Vgl. Vaupel 2005, S. 58f.

[229] Vgl. Herkommer 2005, S. 16.

[230] Vgl. Beyer 1991, S. 33.

„Das Wort von der Frauenemanzipation ist ein nur vom jüdischen Intellekt erfundenes Wort, und der Inhalt ist von demselben Geist geprägt. Die deutsche Frau brauchte sich in den wirklich guten Zeiten des deutschen Lebens nie zu emanzipieren (...). Wir empfinden es als nicht richtig, wenn das Weib in die Welt des Mannes, in sein Hauptgebiet eindringt, sondern wir empfinden es als natürlich, wenn diese beiden Welten geschieden bleiben. "[231]

Bereits im Jahr zuvor wurden Frauen, die verheiratet waren, ihr Arbeitsplatz gekündigt, um diesen für Männer, die eine Familie zu versorgen hatten, freizumachen.[232] Weibliche Ärzte durften in den Kliniken gar nicht mehr eingestellt werden und die Zahl der Frauen, die an Universitäten unterrichteten, halbierte sich in dieser Zeit.[233] Demnach wurden Frauen vor allem daran gehindert, akademische Berufe wie beispielsweise auch Richterin oder Anwältin auszuführen.[234] Frauen, die alleinstehend waren, wurde ein Arbeitsplatz zugestanden, allerdings bevorzugt in Berufen mit sozialer oder handwerklicher Ausrichtung, beispielsweise als Schneiderin. Auch in der Unterhaltung wurden weibliche Stars als Sängerinnen oder Schauspielerinnen benötigt, was aber eine Ausnahme blieb.[235] Generell sollten Frauen zwar nicht komplett aus dem Arbeitsleben ausscheiden, jedoch hatten sie sich dabei den unqualifizierten Berufen zu widmen.[236]

Von Anfang an sollten sie wissen, wo ihr Platz in der Gesellschaft war und so entstand schon im Jahr 1930 der ‚Bund deutscher Mädchen‘, in dem junge Frauen bis 18 Jahre frühzeitig ihre Verpflichtung gegenüber der ‚Volksgemeinschaft‘ indoktriniert wurde. Danach folgte der Übertritt in die ‚NS-Frauenschaft‘, welche den Willen der Frauen, Kinder zu bekommen,

---

[231] Nach Drewniak, Der deutsche Film 1938 – 1945, S. 251f. In: Vaupel, Angela (2005): Frauen im NS-Film. Unter besonderer Berücksichtigung des Spielfilms. Hamburg. S. 41.

[232] Vgl. Beyer 1991, S. 33.

[233] Vgl. Ebd. S. 54.

[234] Vgl.URL: http://www.bpb.de/publikationen/9GZCD0,7,0,Weg_zur_Gleichberechtigung.html (Stand: 24.2.2012, 18:59 Uhr).

[235] Vgl. Vaupel 2005, S. 53.

[236] Vgl. Herkommer 2005, S. 20.

fördern und Schwangeren betreuend zur Seite stehen sollte. Eine politische Kompetenz kam ihr dabei nicht zu.[237] Dies waren aber nicht die einzigen Maßnahmen, die eingeleitet wurden, um die Frau in ihre Schranken und in die ihr zugedachte Rolle zu weisen. Um den Geburtenzuwachs zu fördern, wurde noch das ‚Ehestandsdarlehen‘[238] eingeführt und Paare, die als ‚erbgesund‘ galten, wurden ständig aufgefordert, Kinder zu bekommen.[239] Verhütungsmittel wurden reduziert und wenn eine Frau ein Kind abtreiben ließ, so hatte sie dies mit der Todesstrafe zu sündigen, wenn die Nationalsozialisten hinter die Sache kamen.[240]

In der Realität waren die Maßnahmen, Frauen aus dem Beruf heraus zu drängen und sie zum Kinderkriegen zu verleiten, weniger erfolgreich. Nur 21 Prozent der ‚reichsdeutschen‘ Familien konnten mindestens vier Kinder vorweisen, während die Familie mit ein bis zwei Kindern in der Gesellschaft am meisten vertreten war.[241] Da es im Land wirtschaftlich aufwärts ging, steigerte sich die Anzahl weiblicher Berufsnehmer zwischen 1933 und 1939 um 1,3 Millionen und somit liefen die realen Entwicklungen sogar entgegen der Vorstellungen der nationalsozialistischen Ideologie.[242] Die am 15. September 1935 eingeführten ‚Nürnberger Rassengesetze‘ taten dabei ihr übriges, um die Freiheit der Bürger, maßgeblich die der Frauen und vor allem die der Juden, noch mehr einzuschränken. Das sogenannte ‚Blutschutzgesetz‘ veranlasste, dass Juden und

---

[237] Vgl. Vaupel 2005, S. 49f.

[238] Das ‚Ehestandsdarlehen‘ bestand aus bis zu 1000 Reichsmark und wurde gewährleistet, wenn Frauen dazu bereit waren, nach der Heirat aus ihrem Beruf auszuscheiden. Vgl. Vaupel 2005, S. 52.

[239] Vgl.URL:
http://www.bpb.de/publikationen/9GZCD0,7,0,Weg_zur_Gleichberechtigung.html
(Stand: 24.2.2012, 18:59 Uhr).

[240] Vgl. Ebd.

[241] Vgl. Vaupel 2005, S. 53.

[242] Vgl.URL:
http://www.bpb.de/publikationen/01158073712671365731706452990874,10,0,Wirtschaft_
und_Gesellschaft_unterm_Hakenkreuz.html (Stand: 24.2.2012, 18:57 Uhr)

Nichtjuden weder außerehelichen Geschlechtsverkehr haben, noch heiraten durften und mit dem ‚Reichsbürgergesetz' regelte man staatlich, dass allein Bürger, deren Blut ‚rein', also deutsch, war, auch vollwertige Bürger des Deutschen Reiches waren. Juden wurde offiziell ihre deutsche Bürgerschaft, wenn nicht ihr Status als Menschen, aberkannt.[243]

Die Privatsphäre wurde zur Staatssache erklärt, indem vor der Zustimmung zu einer Heirat ein ‚Ariernachweis' und ein ‚Ehetauglichkeitszeugnis' erbracht werden mussten. Die Schließung einer Ehe konnte einfach abgelehnt werden, wenn die Anforderungen nicht erfüllt wurden[244] und auch vor ‚Zwangssterilisationen'[245] schreckte man nicht zurück. Bereits 1936 erkannten die Nationalsozialisten, dass ihre Frauenberufsverbote in der Realität und für die ihnen bevorstehende Zukunft nicht tragbar blieben. Um die Hochkonjunktur nicht aufzuhalten, gestand man sich ein, dass die Erwerbstätigkeit der Frauen unerlässlich war. Dabei stellten Frauen Billiglöhner dar, die aufgrund ihrer meist schlechten Ausbildung auch schlecht bezahlt werden konnten. Da den Nationalsozialisten nicht viel daran lag, die Frauenlöhne den höheren Männerlöhnen anzupassen[246], konnten Frauen von den Unternehmen schamlos ausgebeutet werden. Als der Krieg ab 1939 immer mehr Männer an der Front forderte, musste die Wehrmacht ihren Mangel an Personal mit Frauen decken, die dann oft im Sanitätsbereich zum Einsatz kamen.[247] Auch viele Fremdarbeiter wurden ins Land geholt, um gemeinsam mit den Frauen in den Rüstungsbetrieben für Nachschub an Kriegsmaterial zu sorgen.[248] Als Goebbels

---

[243] Vgl. Hildebrand 20036, S.7.

[244] Vgl. Vaupel 2005, S. 49.

[245] Das Gesetz zur „Verhütung erbkranken Nachwuchses" legitimierte es, Menschen, die unter anderem an „erblicher Blindheit", „angeborenem Schwachsinn" oder „schwerer körperlicher Mißbildung (sic!)" litten, zwangssterilisieren zu lassen. Vgl. Hildebrand 2003 6, S. 7.

[246] Vgl. Vaupel 2005, S. 54.

[247] Vgl. Ebd. S. 56.

[248] Vgl. Hildebrand 20036, S. 86.

im Jahr 1943 den totalen Krieg erklärte, war sämtliche Ideologie über die gesellschaftliche Stellung der Frau nicht mehr haltbar, denn nun mussten Frauen die Kriegstrümmer beseitigen, Kriegsverwundete verarzten und sogar mit Panzerfäusten gegen die russische Armee kämpfen, welche immer näher kam, um das Deutsche Reich zu besetzen.[249] Nachdem sich Adolf Hitler am 30. April 1945 das Leben genommen hatte, kapitulierte die Wehrmacht angesichts der aussichtslosen Lage am 8. Mai 1945 vor ihren Feinden bedingungslos.[250] Eine fürchterliche Ära und ein schier endloser Krieg hatten ihr Ende genommen.

Die Nationalsozialisten hatten es zwar geschafft, die Frauen aus qualifizierten Berufen heraus zu drängen, sie von Führungspositionen fern zu halten und sich ihre Privatsphäre zu eigen zu machen, aber sie ausschließlich an Heim und Herd zu binden, war ihnen nicht gelungen. Die Frau als Arbeitskraft blieb für den NS-Staat vor allem während der Kriegszeiten unentbehrlich. Demnach ist die Frau und ihr Part im ‚Dritten Reich‘ zunächst in sich widersprüchlich, wenn man die Ideologie mit den realen Verhältnissen abgleicht. Auch der Zweck, den die Frau im nationalsozialistischen Machtgefüge erfüllte, schwankt zwischen Opfer, Täter, Mitläufer und Widerständler, wodurch eine allgemeingültige Funktion, die auf alle Frauen zuträfe, nicht bestimmt werden kann.[251]

3. Frauen und der NS-Film

In diesem Kapitel geht es um die Frage, welche Bedeutung Frauen für die Filme des ‚Dritten Reichs‘ hatten. Zunächst wird die Rolle der Frau als Rezipientin und Konsumentin des NS-Films beleuchtet. Welche Rollenklischees die Frau im

---

[249] Vgl. Beyer 1991, S. 36.

[250] Vgl. Hildebrand 20036, S. 114.

[251] Die detaillierte Diskussion um die Frage, welche Rolle die Frauen für den nationalsozialistischen Staat spielten, wird in Christina Herkommers Buch „Frauen im Nationalsozialismus – Opfer oder Täterinnen? Eine Kontroverse der Frauenforschung im Spiegel feministischer Theoriebildung und der allgemeinen historischen Aufarbeitung der NS-Vergangenheit" aus dem Jahr 2005 eingehend beleuchtet. Hier können weiterführende Informationen zu dieser Frage gefunden werden.

NS-Film verkörperte und inwiefern diese mit dem Frauenverständnis der NS-Ideologie übereinstimmen, wird nachfolgend untersucht. Dies erfolgt anhand konkreter weiblicher Berühmtheiten des ‚Dritten Reichs' und einiger Filme, die in dieser Zeit entstanden. Auch wie sich die weiblichen Figuren innerhalb der Filme mit Einsetzen des Krieges verändern und wie man mit Sexualität im NS-Film umging, findet im folgenden Kapitel Beachtung.

3.1 Die Rolle der Frau als Kinogängerin

Bereits vor der nationalsozialistischen Machtergreifung war das Kino vor allem für Frauen eine angenehme Freizeitbeschäftigung, die sie auch im Alleingang ohne einen Mann genießen konnten. Als Kinobesucher stellten Frauen gegenüber den Männern generell eine Mehrheit dar, weshalb die Filmbranche näher auf diese Entwicklung einging, indem sie Filme hauptsächlich auf ein weibliches Publikum ausrichtete. Vor allem das ‚Dritte Reich' machte hier keine Ausnahme, indem es die Konflikte und Wünsche der Frauen in unzähligen Unterhaltungsfilmen wiedergab.[252] Die NS-Filmbranche zeichnete sich schon frühzeitig durch die massive Kontrolle und Beeinflussung der Herrschenden aus, indem Institutionen errichtet und neue Regelungen eingeführt wurden, welche das Filmwesen von nun an unter Kontrolle hielten. Joseph Goebbels als Reichspropagandaminister war dazu berechtigt, Drehbücher und Produktionen nach seinem Willen zu verändern.[253] Ab nun sollten Filme die nationale Gesinnung des Volkes erwecken und von Personen handeln, die ihren Zielen gewissenhaft nachgingen.[254] Mit Kriegsbeginn besuchte die deutsche Bevölkerung immer häufiger das Kino und zwischen 1939 und 1943 wurde ein Anstieg von 624.000 auf 1,17 Millionen Zuschauer verzeichnet. Im ersten Kriegsjahr fand durchschnittlich einmal im Monat ein Kinobesuch statt, danach

---

[252] Vgl. Bechdolf, Ute (1992): Wunsch-Bilder? Frauen im nationalsozialistischen Unterhaltungsfilm. Tübingen. S. 13.

[253] Vgl. Ebd. S. 19.

[254] Vgl. Beyer 1991, S. 20.

sogar alle zwei Wochen.[255] Ab dem Jahr 1942 waren Frauen fast ausschließlich diejenigen, welche die Zuschauerräume in den Kinos füllten und die NS-Filmindustrie reagierte auf die Situation der Frauen, indem sie Filme darbot, die den Frauen zeigten, wie sie sich während der harten Kriegszeiten zu verhalten hatten. Der Glaube an den Sieg der deutschen Armee und die Bereitschaft durchzuhalten, wurden hier propagiert. Die Frau sollte sich überall, wo sie nur konnte, für den Krieg engagieren, so zum Beispiel, indem sie ihrem Mann treu blieb, im Lazarett diente oder für Kriegsmunition in den Rüstungsbetrieben sorgte.[256]

Neben Dokumentationen, Propagandafilmen und der Verfilmung von Historien waren Gesellschaftsfilme wie Komödien oder Melodramen die beliebteste Gruppe beim weiblichen Publikum.[257] Diese Unterhaltungsfilme trugen meist propagandistische Botschaften für die Rezipienten, jedoch stellt Fredric Jameson fest, dass auch diese Filme, um erfolgreich und wirkungsvoll zu sein, sich am Publikumsgeschmack zu orientieren hatten und demnach nicht einfach „als kohärente Einheiten betrachtet werden können, die die Massen ausschließlich indoktrinieren oder narkotisieren"[258] konnten. Um die Rezipienten inhaltlich zu erreichen, mussten diese Filme die Bedürfnisse, Sorgen und Wünsche der Menschen ansprechen. Nur so konnte darauf gezählt werden, dass eine breite Masse den Film sah, die Botschaft bewusst oder unterbewusst aufnahm und letztendlich eine Sympathie für den Nationalsozialismus entwickelte.[259] Frauen, welche das Kino am häufigsten konsumierten, waren hier die wichtigste Gruppe

---

[255] Vgl. Ebd. S. 36.
[256] Vgl. Vaupel 2005, S. 91.
[257] Vgl. Ebd. S. 87.
[258] Vgl. Bechdolf 1992, S. 40.
[259] Vgl. Ebd. S. 40f.

und so ist auch verständlich, warum in den Kriegsjahren 1939 – 1945 überwiegend Filme mit Frauen in der Hauptrolle produziert wurden.[260]

3.2 Die Rolle der Frau im NS-Film

Adolf Hitlers favorisierte Schauspielerinnen waren Lil Dagover, Jenny Jugo, Zarah Leander und Olga Tschechowa, mit denen er sich gerne umgab, aber nicht sexuell nach ihnen verlangte.[261] Hingegen Joseph Goebbels nutzte seine Macht als Reichspropagandaminister schamlos, um viele junge Frauen, die noch berühmt werden wollten, zu verführen. Je nachdem, wie ihm eine Schauspielerin gefiel, ließ er sie entsprechend auch für Rollen besetzen, wobei er nicht unbedingt darauf achtete, ob sie für den Film die passende Eignung besaß.[262] Obwohl die typische Arierin dem Ideal nach blond und blauäugig zu sein hatte, präferierte Goebbels den slawischen Frauentyp und dessen vollkommene Schönheit wollte er auch gerne im Film sehen, solange er dessen Vorsteher war.[263] Um diejenigen, die es geschafft hatten, im ‚Dritten Reich' zu Berühmtheiten zu werden, wurde ein regelrechter Hype veranstaltet. Sie waren die Frauen, die Hitler zu offiziellen Anlässen begleiteten, die an seinem Tisch saßen. Ihr Image wurde rein gehalten und im Krieg waren sie die Vorbilder, denen es nachzueifern galt. Damit sich die Leute auch wirklich mit den Filmstars identifizieren konnten, versuchte man aus diesen Frauen Kunstfiguren zu machen, indem man ihre filmischen Rollenschemata meist beibehielt.[264] Entgegen der Realität spielten Frauen in Filmen einen viel wichtigeren Part als die Männer. Ihre Figuren vermitteln Selbständigkeit, Kraft, Ausdauer,

---

[260] Vgl. Ebd. S. 13.
[261] Vgl. Beyer 1991, S. 11f.
[262] Vgl. Ebd. S. 12f.
[263] Vgl. Beyer 199, S. 15f.
[264] Vgl. Ebd. S. 49f.

Opferbereitschaft und Raffinesse. Sogar wenn sie sich den Männern unterordnen müssen, fokussiert sich die Filmhandlung permanent auf sie.[265]

Das Bild, welches der NS-Film von der Frau vermittelte, war dabei kein einheitliches. Es gab zwar die arischen Klischees des netten, unschuldigen Mädchens, dennoch traten aber auch verstärkt Frauen auf, die dem Film Exotik und Internationalität einhauchten und so gar nicht dem Bild entsprachen, das die Nationalsozialisten für die deutsche Frau vorsahen.[266] Die Stars der Universum Film AG, kurz Ufa, verkörperten sowohl in der Realität als auch im Film sehr unterschiedliche Charaktere. Äußerlich war es wohl die aus Schweden stammende Kristina Söderbaum, welche dem arischen Ideal am nächsten kam. Sie war blond, hatte blaue Augen und versinnbildlichte in ihren Filmen meist eine Frau, die sich ihrem Mann bereitwillig beugte. Die Figuren, die sie spielte, trugen die Eigenschaften der Treue, Naivität und der Opferbereitschaft, so wie sich die Nationalsozialisten eine gute Arierin vorstellten.[267] Kristina Söderbaum stellte filmisch den Idealtypus der deutschen Opferfrau dar, die ihr Leben für eine höhere Idee weggab und sich dem Mann unterwarf, ohne es zu hinterfragen.[268] Mit ihrem Ehemann, dem Regisseur Veit Harlan, drehte Söderbaum mehr als nur einen nationalsozialistischen Propagandastreifen, denen sie ihren Ruhm im ‚Dritten Reich' auch größtenteils zu verdanken hatte. „Jud Süß" ist wohl einer der bekanntesten davon. Er entstand auf Geheiß Goebbels´ und sollte im Jahr 1940/1941 den Hass der Deutschen auf die Juden schüren. Die propagierte Botschaft des Films ist eindeutig: Der Jude soll seine Finger von der guten, ‚arischen' Frau lassen.[269] „Jud Süß" hatte große Erfolge im Deutschen Reich zu verzeichnen, genauso wie die weiteren Harlan/Söderbaum -

---

[265] Vgl. Ebd. S. 30f.

[266] Vgl. Vaupel 2005, S. 63.

[267] Vgl. Beyer 1991, S. 196.

[268] Vgl. Vaupel 2005, S. 63f.

[269] Vgl. Beyer 1991, S. 214ff.

Produktionen „Die goldene Stadt" und „Immensee", welche ebenfalls ideologische Ideen in sich tragen.[270]

In Historienfilmen oder Filmen, die einen politischen Inhalt hatten, ohne diesen zu verschleiern, ist die Anzahl weiblicher Protagonisten deutlich geringer als in den Unterhaltungsfilmen. Das nationalsozialistische Gesellschaftsdenken der damaligen Zeit spiegelt sich in diesen Verfilmungen wieder, indem sämtliche wichtige Handlungen primär von Männern ausgeführt werden.[271] Filme, die entsprechend der Politik im ‚Dritten Reich' Frauen als zukünftige Ehefrauen und Mütter beschreiben, waren dabei massenweise vorhanden, so wie zum Beispiel „Sommer, Sonne, Erika" aus dem Jahr 1939 oder „Das Verlegenheitskind" von 1938. Andere Filme wie „Das Leben kann so schön sein" aus dem Jahr 1938 mussten auf Ansage der Nazis stark verändert werden, da die eigentliche Geschichte mit der NS-Ideologie nicht übereinstimmte oder eine Botschaft vermittelte, welche den Nationalsozialisten nicht von Nutzen war.[272] Die Produktionen, die hauptsächlich um die Opferbereitschaft, Ehe und Mutterschaft kreisten, waren beim Publikum äußerst beliebt, erfüllten in der NS-Realität allerdings propagandistische Funktionen.[273]

Während die Familienverhältnisse der männlichen Figuren im Film generell wenig Beachtung fanden, war dies für die weiblichen Parts sehr ausgeprägt der Fall. Frauen wurden über ihren familiären Stand definiert, worin sich wiedermal zeigt, dass die Frau laut den Nazis im Dienst der ‚Volksgemeinschaft' stand[274] und die Pflege des Heimes und der Familie ihre obersten Gebote zu sein hatten. In vielen Ufa-Produktionen aus der Zeit des ‚Dritten Reichs' findet sich das Potential nationalsozialistischer Ideologie wieder, allerdings wird diese oft

---

[270] Vgl. Ebd. S. 218, S. 225f.

[271] Vgl. Bechdolf 1992, S. 62f.

[272] Vgl. Ebd. S. 61.

[273] Vgl. Ebd. S. 71.

[274] Vgl. Vaupel 2005, S. 73.

hinter einer geschickt verpackten Geschichte versteckt. Ein Beispiel wäre der Film „Capriolen" aus dem Jahr 1937, in welchem die Liebesgeschichte um eine berühmte Fliegerin und einen Journalisten inszeniert wird. Die starke Frauenfigur lädt die Rezipientin zur Identifikation ein, indem sie als berühmte Fliegerin den Traum vom Erfolg und von der Freiheit versinnbildlicht. Dabei verkörpert sie auch das nationalsozialistische Ideal der sportlichen, aktiven Frau, die der ‚Volksgemeinschaft' einen großen Nutzen bringt. Die schwachen Seiten des Mannes lassen sich im Film gut mit den Stärken der Frau verbinden, allerdings muss die weibliche Protagonistin das Fliegen zugunsten ihrer Ehe aufgeben, was wiederum eine eindeutige Botschaft der Nationalsozialisten war. Da die anfangs etablierten Figuren der Frau mit männlichen Eigenschaften und des Mannes mit weiblichen Eigenschaften entgegen der NS-Ideologie stehen, wurde die Situation entschärft, indem man den Handlungsort in die USA verlegte.[275] Anhand dieses Films zeigt sich deutlich, mit welchen Mitteln die NS-Propaganda im Filmwesen zum Einsatz kam: Positive Frauencharaktere stifteten beim weiblichen Publikum den Identifikationsmoment, letztendlich wurde die Frau aber doch dem männlichen Willen unterworfen, indem sie wie in „Capriolen" ihren Beruf aufzugeben hatte. Damit wurde den Frauen klar gemacht, dass ihr Platz in der Gesellschaft hinter der des Mannes kam und sie für ihn zurückstecken musste.

Olga Tschechowa war im NS-Film eine der Schauspielerinnen, die sowohl Hitler als auch Goebbels verehrten und so wurde sie ab 1935 zu einer der führenden Persönlichkeiten im deutschen Filmgeschäft.[276] 1938 ernannte man sie zur Staatsschauspielerin[277] und das, obwohl sie in ihren Filmen sehr oft eine gefährliche Art *femme fatale* verkörperte: „Ihre Schönheit ist äußerlich, also Täuschung, ihr Charme entspringt Machtkalkül. (…) Sosehr sie über den Dingen

---

[275] Vgl. Bechdolf 1992, S. 106ff.
[276] Vgl. Beyer 1991, S. 74f.
[277] Vgl. Ebd. S. 81.

zu stehen scheint, sowenig ist sie zu wirklichem Gefühl fähig"[278], beschreibt Friedemann Beyer ihre Rolle in „Bel Ami" aus dem Jahr 1939. Keine Darstellung, die mit der NS-Frauenideologie konform gehen könnte. Abgesehen davon stammte die Tschechowa aus Leninakan/Armenien und war noch nicht mal eine ‚Arierin'[279], genauso wie ihre Schauspielkollegin, die Schwedin Zarah Leander, welche wohl die größte aller Diven des ‚Dritten Reichs' darstellte.[280] Sie ist im NS-Film die Personifizierung der „Schönheit des Leidens. Sie ist die Verratene, die Missverstandene, Verlassene, verzweifelt Liebende, die trotzig den Kopf oben behält – trotz aller Entbehrungen"[281].

Ilse Werner dagegen passte mit ihren Rollen in das Schema des Fräuleins, in welchem sie als natürliches Mädchen voller Selbstbewusstsein und Intelligenz auftrat. In dem Film „Die große Freiheit Nr. 7", in dem Frauen sogar als Nutten inszeniert wurden, spielt sie die Rolle des lustigen Mädchens vom Land, das die Männer im Handumdrehen für sich vereinnahmt.[282] Auch die Rolle der Kameradin, die in ihrem Beruf zwar als erfolgreich dargestellt wurde, kam im NS-Film vor, sie verlor dabei aber meist ihre feminine Seite und wurde als bewusst unweiblich inszeniert, so zum Beispiel Brigitte Horney in „Befreite Hände".[283]

Was die Sexualität und Sinnlichkeit der Frauen im NS-Film generell betraf, so hatte diese dort nichts zu suchen. Man beließ es bei sexuellen Anspielungen und den klassischen Zweideutigkeiten. Diven wie Zarah Leander oder Olga Tschechowa, die im Film zum Teil verrucht, apart und außergewöhnlich dargestellt wurden, mussten dafür in der Regel zur Rechenschaft gezogen werden, also durch Liebeskummer oder gar den Tod. Die Frau der

---

[278] Vgl. Beyer 1991, S. 86.

[279] Vgl. Ebd. S. 66.

[280] Vgl. Vaupel 2005, S. 66.

[281] Vgl. Ebd.

[282] Vgl. Vaupel 2005, S. 68f.

[283] Vgl. Ebd. S. 64f.

nationalsozialistischen Gesellschaft sollte in erster Linie eine Gebärmaschine sein und indem man sie auf diese Funktion beschränkte, waren Erotik und Sinnlichkeit keine Eigenschaften, die noch mit ihr konnotiert wurden.[284] Abgesehen von Leni Riefenstahls „Olympia"-Prolog, in welchem nackte Körper stilisiert und und statuenhaft inszeniert werden, sind in den Filmen des ‚Dritten Reichs' kaum nackte Tatsachen vorzufinden, welche Gedanken an Sex und Erotik aufkommen lassen.[285]

Man kann abschließend feststellen, dass die Nazis in Anbetracht der Tatsache, dass Frauen die Mehrzahl der Kinogänger bildeten, die Wichtigkeit der weiblichen Parts im Film erkannt hatten und für ihre manipulativen Zwecke ausnutzten. Die Rolle der Frau im NS-Film ist nach den Untersuchungen trotzdem nicht als homogen zu betrachten und sie stimmt auch nur zum Teil mit dem Bild überein, das die Nazis für die Frau im NS-Staat vorsahen. Frauen stellten im NS-Kino sehr unterschiedliche Charaktere dar und obwohl sie in vielen Filmen ideologische Botschaften nach außen trugen, erfüllte der Film oft auch nur die Funktion, beim Publikum für Belustigung und Frohmut zu sorgen.

4. Die Sonderrolle der Regisseurin Leni Riefenstahl

Frauen, die vor der Kamera den Beruf der Schauspielerin ausführten, gab es im ‚Dritten Reich' viele. Hinter der Kamera, in der Produktion, als Komponisten der Filmmusik oder zuständig fürs Drehbuch konnten sich im NS-Staat nur zwei Frauen in ihrem Metier behaupten: Thea von Harbou als Drehbuchautorin und Leni Riefenstahl, die wohl berühmteste Regisseurin des NS-Staats.[286] Das letzte Kapitel beschäftigt sich mit ebenjener Leni Riefenstahl, die es geschafft hatte, in einer von Männern dominierten Welt einen Beruf der Männerdomäne auszuführen und darin um einiges erfolgreicher zu sein, als die meisten ihrer

---

[284] Vgl. Ebd. S. 79f.
[285] Vgl. Ebd. S. 82f.
[286] Vgl. Vaupel 2005, S. 78f.

Mitstreiter. Wie ihr das gelingen konnte, wo sie im NS-Staat stand, welche Bedeutung sie für den NS-Film hatte und wie man mit ihrer herausragenden Position umging, soll an dieser Stelle betrachtet werden.

Leni Riefenstahl war eine Frau, die nach Karriere und Ruhm verlangte. Alles was sie tat, ob tanzen, schauspielern, Regie führen oder zuletzt fotografieren, tat sie mit Ehrgeiz und voller Vertrauen in die eigenen Fähigkeiten.[287] Als Schauspielerin in den Bergfilmen Arnold Fancks ging sie bis an ihre Grenzen und lernte von ihrem Mentor die wichtigsten Techniken der Regie. Während sie als einzige Frau im Filmteam zwar eine Sonderstellung besaß, wurde sie vom Regisseur dafür umso mehr gedrillt, doch sie bewies ihm ihr Können jedes mal aufs Neue.[288] Am 27. Februar 1932 besuchte Riefenstahl eine Rede Adolf Hitlers und war sofort von ihm begeistert. Nachdem sie sein Buch „Mein Kampf" gelesen hatte, war es ihr von da an ein Anliegen, ihn persönlich kennen zu lernen.[289] Vor der Machtergreifung Hitlers waren die Nationalsozialisten im Filmgeschäft noch so gut wie gar nicht präsent und als sich die aufstrebende Regisseurin Leni Riefenstahl von selbst an Hitler wandte, kam ihm das äußerst gelegen. Zu diesem Zeitpunkt hatten die Nazis nämlich bereits erkannt, dass der Film als Medium für Propaganda mehr als prädestiniert war. Am 23. Mai 1932 kam der erste Kontakt zwischen Riefenstahl und Hitler zustande und sollte von da an für beide Seiten äußerst gewinnbringend sein.[290]

Riefenstahl inszenierte auf Anweisung Hitlers 1933 den Parteitag der NSDAP in dem Film „Sieg des Glaubens"[291], danach den Reichsparteitag von 1934 in „Triumph des Willens" und im Jahr 1938 erschien schließlich „Olympia"[292]. Die gesamte Partei der NSDAP machte es ihr dafür anfangs durch Intrigen und

---

[287] Vgl. Rother, Rainer (20012): Leni Riefenstahl. Die Verführung des Talents. Berlin. S. 18.
[288] Vgl. Kinkel 2002, S. 14ff.
[289] Vgl. Ebd. S. 35/S. 39.
[290] Vgl. Ebd. S. 40f.
[291] Vgl. Rother 20012, S. 58.
[292] Vgl. Vaupel 2005, S. 75.

Verleumdungen schwer, die Dreharbeiten zu „Sieg des Glaubens" durchzuführen. Der Grund: Leni Riefenstahl war eine Frau und die NSDAP war eine Organisation, in der führende Kompetenzen alleinig Männern zukamen. Diese Frau, der ein ganzes Team an Mitarbeitern unterstand und der alle zu gehorchen hatten, war der patriarchalen NSDAP ein Dorn im Auge.[293] Doch Leni Riefenstahl hatte einen sehr mächtigen Fürsprecher und das war kein geringerer als Adolf Hitler. Er übertrug ihr eine Sonderbevollmächtigung und gründete eine interne Geschäftsstelle zur Organisation, während die NSDAP die Filmkosten trug.[294] Riefenstahl wurde Hitlers Lieblingsregisseurin und viele Treffen und Telegramme bezeugen, dass die beiden ein ausgezeichnetes Verhältnis hatten. Niemand wagte es mehr, sich Leni Riefenstahl und ihren Produktionen im Auftrag Hitlers entgegenzustellen.[295] Für Hitler diente Riefenstahl vor allem als Mittel zum Zweck. Sie zählte zu den Frauen, die sich durch ihr überragendes Talent profiliert hatten und die Hitler anerkannte. Dabei machte er sich ihre besonderen Begabungen für seine Ziele zu Nutzen und die Frauen stellten ihre Eigenschaften auch bereitwillig für die nationalsozialistische Sache zur Verfügung. Obwohl Leni Riefenstahl und Adolf Hitler auch persönliche Gründe miteinander verbanden, war die Regisseurin ebenso eine seiner Marionetten.[296]

Den Enthusiasmus, den sie für Hitler empfand, bannte Leni Riefenstahl vor allem in „Triumph des Willens" kunstvoll auf der Leinwand und sie war dazu in der Lage, ihre Faszination auch auf die Zuschauer zu übertragen.[297] Ihr Erfolgsrezept war einerseits, dass sie sich stets nur für das »schöne« Bild interessierte, denn die Ästhetik ging ihr über alles, sogar über Politisches und über Propaganda. Wie sonst niemand verstand sie sich darauf, die Stimmung im

---

[293] Vgl. Kinkel 2002, S. 50f.
[294] Vgl. Ebd. S. 66.
[295] Vgl. Ebd. S. 74.
[296] Vgl. Ebd. S. 182.
[297] Vgl. Ebd. S. 83.

Deutschen Reich filmisch wiederzugeben und Hitler wusste diese Eigenschaft zu schätzen.[298] Der andere Grund, der dazu führte, dass sie im NS-Staat derart erfolgreich sein konnte, war ihre Persönlichkeit. Riefenstahl war sportlich, intelligent, selbstbewusst, schön und galt deshalb als „lebendes Sinnbild für die gesunde, arische Rasse"[299]. Sie war eine dominante Frau, die sich von niemandem etwas sagen ließ, sondern immer selbst das Kommando hatte. Männer waren diejenigen, die ihr unterstanden und die ihr zu gehorchen hatten, denn sie war unglaublich durchsetzungsfähig. Leni wusste, wie sich zu verhalten hatte, um sich die Männer am Set Untertan zu machen, indem sie mal herrisch, sexuell anziehend oder auch hilfsbedürftig auftrat.[300] Leni Riefenstahl wurde ein „williges Werkzeug und begeisterte Schöpferin regimeverherrlichender Propagandastreifen"[301] und ihr Name sollte auf ewig dafür stehen, dem Grauen des ‚Dritten Reichs' eine „verlockende Schönheit verliehen"[302] zu haben. Durch die Nationalsozialisten wurde Leni Riefenstahl berühmt, sie stand im Begriff, ein Genie zu sein und verdiente bei weitem besser als viele ihrer männlichen Kollegen.[303] Sie trug einen weiteren Teil dazu bei, dem NS-Film seinen berüchtigten Ruf einzubringen und das mit viel Feinsinn, Ehrgeiz und Gespür für gute Bilder. Dass sie in ihrer Position und mit ihrem Status die wohl mächtigste Frau des ‚Dritten Reichs' war, bleibt dabei unumstritten.[304] Sie selbst sah sich dabei nie als Symbolfigur des ‚Dritten Reichs', sondern als begabte Künstlerin, der einzig die Aufgabe zukam, Ereignisse im Reich zu dokumentieren.[305]

---

[298] Vgl. Ebd. S. 77.

[299] Vgl. Ebd. S. 198.

[300] Vgl. Ebd. S. 199f.

[301] Vaupel 2005, S. 77.

[302] Kinkel 2002, S. 65.

[303] Vgl. Ebd. S. 173f.

[304] Vgl. Ebd. S. 199f.

[305] Vgl. Ebd. S. 167.

Eine Frau an der Spitze des Films fiel in dem NS-Männerstaat natürlich auf. Mit dem durch die Nationalsozialisten propagierten Mutterkult hatte die Riefenstahl nämlich gar nichts gemein und eine Erklärung dafür, warum sie trotzdem so erfolgreich sein durfte, gab es nie. Leni Riefenstahl befand sich unter der Protektion Hitlers und so stand außer Frage, dass der Konflikt, der sich zwischen ihrer Weiblichkeit und ihrem gehobenem Stellenwert im NS-Staat ergab, zur öffentlichen Debatte wurde. Riefenstahl war ein Genie der Filmkunst und allein das rechtfertigte im politischen Sinne ihre Sonderbevollmächtigung. Sie selbst hatte nichts dagegen einzuwenden, dass man sie von dem Rest der weiblichen Bevölkerung abgrenzte und hervorhob. Denn beruflich verhielt sie sich oft selbst wie ein Mann, indem sie andere Frauen am Set kaum duldete und die weiblichen Hauptrollen ihrer Spielfilme stets mit sich selbst besetzte.[306]

Leni Riefenstahls besondere Rolle im ‚Dritten Reich‘ bestand darin, dass sie es als Frau geschafft hatte, sich in einer von Männern dominierten Welt einen Namen zu machen, indem sie ihre Ziele beharrlich und zum Teil auch skrupellos verfolgte. Für den Film ist sie bis heute eine wichtige Vorreiterin, da sie Verfahren entwickelte, die bis dato noch niemand verwendet hatte. Ihre Funktion für das NS-Regime und dessen Gräueltaten gibt allerdings bis heute Anlass zur Diskussion und auch ihre persönliche Einstellung gegenüber den Nazis und Hitler sorgt vielerorts für Unverständnis.

5. Fazit

Die Frau und ihre Rolle in NS-Staat und NS-Film versinnbildlicht sehr deutlich, wie widersprüchlich das ‚Dritte Reich‘ mit Frauen umging. Einerseits bestand die NS-Frauenideologie darin, dass die Frau sich ausschließlich um Heim, Herd, Kinder und ihren Ehemann zu kümmern hatte, andererseits zeigte die Realität auch aufgrund der harten, staatlichen Maßnahmen, dass dieses Ideal

---

306   Vgl. Ebd. S. 202f.

praxisuntauglich war. Vor allem für die Nazis, welche den Zweiten Weltkrieg entfesselt hatten, waren Frauen für die kriegsbedingten Anforderungen zuletzt die wichtigsten Arbeitskräfte. Die Rolle der Frau für den Nationalsozialismus bleibt dabei viel diskutiert, denn obwohl Frauen gegenüber den politischen Bestimmungen der Nazis ohnmächtig waren, so gibt es doch auch Beispiele für Täterinnen oder Mitläuferinnen, welche den NS-Staat und seine Ideologie mittrugen und stabilisierten.

Auch im NS-Film waren Frauen der Manipulation durch die Nazis ausgeliefert. Diese beherrschten seit der Machtergreifung die Filmbranche und da die Mehrzahl der Rezipienten weiblich war, fokussierten sich die Filmhandlungen von nun an hauptsächlich auf Frauen. Mit Fortschreiten des Krieges wurde hier verstärkt an den Durchhaltewillen der weiblichen Bevölkerung appelliert. Das NS-Frauenbild, wie es sich die Nazis vorstellten, stimmt dabei nur zum Teil mit den weiblichen Charakteren im NS-Film überein. Zwar treffen manche Figuren auf das nationalsozialistische Rollenklischee zu, jedoch zeichnen sich viele Figuren auch durch genau gegenteilige Eigenschaften aus. Dass sie dafür im Film oft mit einem unglückseligen Schicksal bezahlen müssen, ist bezeichnend dafür, wie sehr die Nazis und ihre Ideologie die Filmbranche in ihrer Gewalt hatten. Der weibliche Rollentypus reicht vom netten, schönen Mädchen vom Lande, zur verruchten Diva und dem burschikosen Vollweib und ist nicht auf eine Klischeevorstellung zu reduzieren. Dass viele der weiblichen Ufa-Stars dabei gar keine ‚Arierinnen‘ waren, überrascht und zeugt erneut von dem paradoxen Weltbild, welches die Nazis in Staat und Film nach außen trugen.

Der Regisseurin Leni Riefenstahl kam im ‚Dritte Reich‘ hingegen eine außerordentliche Sonderstellung zu, denn obwohl sie eine Frau war, erlangte sie in einem Männerberuf Ruhm und Größe – zumindest während der nationalsozialistischen Herrschaft. Danach war sie dafür umso mehr umstritten und ihre Person gibt bis heute Anlass für wilde Spekulationen. Der Grund für ihren Erfolg war ihr Fürsprecher Adolf Hitler, ihre Sucht nach Erfolg und die filmischen Innovationen, die sie in dieser Zeit hervorbrachte. Auch, dass sie sich in ihrem Beruf oft wie ein Mann benahm, war wohl ein Grund, warum sie es im Reich so weit bringen konnte.

Die Arbeit hat gezeigt, dass Frauen in NS-Staat und NS-Film sehr unterschiedliche Rollen zukamen. Sie waren die Opfer der staatlichen Willkür, waren ihr ausgeliefert und gleichzeitig folgten manche von ihnen dem Regime treuselig und einige taten das noch dazu mit Erfolg und Begeisterung. Wer sie alle waren und wie ihre Schicksale verliefen, kann diese Hausarbeit nicht aufzeigen. Die Untersuchungen belegen ausschließlich, dass Menschen nicht als einheitliche Masse betrachtet werden können, so wie es die Nationalsozialisten taten. Die Frauen im NS-Staat waren nicht nur als Teil der ‚Volksgemeinschaft‘ oder als Juden anzusehen, sondern sie waren Individuen, für die das ‚Dritte Reich‘ zwischen Unterdrückung, Tod und Erfolg auch alles andere bereithielt.

Literaturverzeichnis

Bechdolf, Ute (1992): Wunsch-Bilder? Frauen im nationalsozialistischen Unterhaltungsfilm. Tübingen.

Beyer, Friedemann (1991): Die UFA-Stars im Dritten Reich. Frauen für Deutschland. München.

Herkommer, Christina (2005): Frauen im Nationalsozialismus – Opfer oder Täterinnen? Eine Kontroverse der Frauenforschung im Spiegel feministischer Theoriebildung und der allgemeinen historischen Aufarbeitung der NS-Vergangenheit. München.

Hildebrand, Klaus (2003^6): Das Dritte Reich. München.

Kinkel, Lutz (2002): Die Scheinwerferin. Leni Riefenstahl und das »Dritte Reich«. Hamburg/Wien.

Rother, Rainer (2001^2): Leni Riefenstahl. Die Verführung des Talents. Berlin.

Vaupel, Angela (2005): Frauen im NS-Film. Unter besonderer Berücksichtigung des Spielfilms. Hamburg.

Filmographie

Brauer, Peter Paul (1938): Das Verlegenheitskind. 94 Minuten. Deutschland.

Forst, Willi (1939): Bel Ami. 100 Minuten. Deutschland.

Gründgens, Gustaf (1937): Capriolen. 89 Minuten. Deutschland.

Hansen, Rolf (1938): Das Leben kann so schön sein. 85 Minuten. Deutschland.

Hansen, Rolf (1939): Sommer, Sonne, Erika. 95 Minuten. Deutschland.

Harlan, Veit (1940): Jud Süß. 98 Minuten. Deutschland.

Harlan, Veit (1942): Die goldene Stadt. 110 Minuten. Deutschland.

Käutner, Helmut (1944): Die große Freiheit Nr. 7. 109 Minuten. Deutschland.

Riefenstahl, Leni (1933): Sieg des Glaubens. 60 Minuten. Deutschland.

Riefenstahl, Leni (1935): Triumph des Willens. 114 Minuten. Deutschland.

Riefenstahl, Leni (1938): Olympia. 1. Teil: 121 Minuten, 2. Teil: 96 Minuten. Deutschland.

Schweikart, Hans (1939): Befreite Hände. 97 Minuten. Deutschland.

Internetquellen

URL:

http://www.bpb.de/publikationen/01158073712671365731706452990874,10,0,
Wirtschaft_und_Gesellschaft_unterm_Hakenkreuz.html (Stand: 24.2.2012,
18:57 Uhr)

URL:

http://www.bpb.de/publikationen/9GZCD0,7,0,Weg_zur_Gleichberechtigung.ht
ml (Stand: 24.2.2012, 18:59 Uhr)

Einzelbände

Stefanie Aue: Heinz Rühmann im Nationalsozialismus - Sein Star-Image anhand des Filmes "Die Feuerzangenbowle", ISBN 978-3-638-65878-2

Christian Freitag: Massenkultur und Propaganda - Kulturpolitik im 3. Reich, ISBN 978-3-640-86475-1

Nikolas Kaselow: Der Film im Dritten Reich – spielende Unterhaltung oder inszenierte Propaganda?, ISBN 978-3-640-93911-4

Anna-Theresa Lienhardt: Die Frau im Nationalsozialismus. Rolle in Gesellschaft und Film, ISBN 978-3-656-66839-8

Katrin Polter: Heiter oder ideologisch? Der Unterhaltungsfilm im Nationalsozialismus am Beispiel der "Feuerzangenbowle", ISBN 978-3-656-73087-3